성공을 위한 리더십 코칭

100 Ways to Motivate Others

Copyright ⓒ 2012 Steve Chandler
All rights reserved.
Original English language edition published by The Career Press, Inc., USA.
Korean translation rights arranged with The Career Press, Inc., USA.
and KyungsungLine, Korea through PLS Agency, Seoul.
Korean edition right ⓒ 2013 by Kyungsung Line, Seoul.

이 책의 한국어판 저작권은 PLS를 통한 저작권자와의
독점 계약으로 경성라인에 있습니다.
신저작권법에 의하여 한국어판의 저작권 보호를 받는 서적이므로
무단 전제와 복제를 금합니다.

성공을 위한 리더십 코칭

스티브 챈들러 · 스콧 리처드슨 지음

조한나 옮김

밀라그로

목차

1장
누구나 성공에 필요한 자질이 있다

| 1 | 사람을 관리하는 것이 아니라 합의안을 관리하는 것이다 • 18
| 2 | 모든 사람들은 이미 성공에 필요한 자질이 있다 • 21
| 3 | 우선 그 사람의 말을 경청해야만 한다 • 24
| 4 | 경영진을 비난하는 것이 아니라 대변해야 한다 • 27
| 5 | 머리는 한 번에 한 가지 생각만을 한다 • 29
| 6 | 성과를 내는 일에는 지속적인 피드백이 필요하다 • 32
| 7 | 변화를 찬성하는 열렬한 대변인이 되어야 한다 • 35
| 8 | 주체성은 본질상 그 당사자만이 기를 수 있다 • 38
| 9 | 리더십의 기본원칙은 본보기이다 • 43
| 10 | 영혼은 그것이 가진 생각들의 색깔로 물든다 • 45

| 11 | 문제가 발생했을 때는 즉시 해결해야 한다 • 49
| 12 | 가장 큰 결과를 얻기 바라는 곳에 관심을 쏟아야 한다 • 54
| 13 | 리더십 방식의 변화는 그 과정을 신뢰해야 한다 • 56
| 14 | 진정한 리더는 사람들을 현재에서 미래로 이끈다 • 59
| 15 | 영웅처럼 생각하고 예술가처럼 일해야 한다 • 61
| 16 | 사람들의 감정을 통제하지 말아야 한다 • 63
| 17 | 활동이 아닌 결과를 관리해야 한다 • 67
| 18 | 결과에 대해 책임을 지게 해야 한다 • 73
| 19 | 게임의 동기 부여 요소들을 일터로 가져와야 한다 • 78
| 20 | 우리의 뇌는 한 번에 한 가지 생각만을 한다 • 82

2장
세상에 완벽한 사람은 없다

| 1 | 동기 부여의 최고 방법은 가능성을 일깨우는 것이다 • 86
| 2 | 합의는 명령이나 규칙이 아닌 공동창작이다 • 90
| 3 | 자존감을 높이고 자부심을 가져야 한다 • 93
| 4 | 이미 의욕으로 가득 찬 사람을 채용해야 한다 • 95
| 5 | 최고의 경영은 경영이 필요하지 않는 직원을 찾는 것이다 • 98
| 6 | 세상에 완벽한 사람은 없다 • 100
| 7 | 미치도록 바쁜 일이 아니라 본인 자신이 미친 것이다 • 102
| 8 | 진정한 리더는 인기를 얻는 일에 신경 쓰지 않는다 • 106

| 9 | 최악의 일부터 먼저 해야 한다 • 109
| 10 | 의사소통은 신뢰와 존중을 만들어내는 원천이다 • 116
| 11 | 성과에 점수를 매길수록 더 의욕적으로 일하게 된다 • 118
| 12 | 근본적인 것들을 놓쳐서는 안 된다 • 123
| 13 | 행동가는 성공한 사람들만이 아는 진정한 기쁨을 안다 • 126
| 14 | 필수적으로 요구되는 행동을 해야 한다 • 130
| 15 | 악몽은 오직 자신의 머릿속에서만 존재한다 • 133
| 16 | 말은 생각을 이루고 생각은 세상을 만든다 • 136
| 17 | 사람들은 훈장을 위해 목숨까지 바칠 수 있다 • 141
| 18 | 거절하는 법을 배워야 한다 • 143
| 19 | 고객을 가장 절친한 친구로 여겨야 한다 • 146
| 20 | 가장 활력과 재치가 넘치는 상태에서 처리해야 한다 • 150

3장
열정 없이 이루어진 것은 아무것도 없다

| 1 | 자질을 가르치는 것은 10분의 활용능력이다 • 154
| 2 | 우리가 지각하는 내용은 우리의 행동을 좌우한다 • 156
| 3 | 리더십은 다른 사람의 마음을 헤아리는 인간 행동이다 • 160
| 4 | 미완성된 일들이 의미하는 것은 에너지 유출이다 • 162
| 5 | 긍정적일 때 영혼과 활력에 플러스를 더한다 • 166
| 6 | 참여의 본질은 멋진 경험을 하려는 개인적 헌신이다 • 169

| 7 | 위대한 삶의 두 가지 원칙은 집중과 이완뿐이다 • 172
| 8 | 너무 일찍 종료 스위치를 눌러서는 안 된다 • 175
| 9 | 열정 없이 이루어지는 것은 없다 • 178
| 10 | 모든 에너지를 한 곳에 쏟아 집중해야 한다 • 181
| 11 | 세상의 발달은 항상 더 큰 능력을 요구한다 • 184
| 12 | 직접 행동으로 보여주어야 한다 • 187
| 13 | 카메라처럼 부드럽게 초점을 맞추어야 한다 • 191
| 14 | 생각하는 것보다는 절대 더 어렵지 않다 • 194
| 15 | 안심시키는 말은 의욕을 고취시킨다 • 196
| 16 | 반대를 덜할수록 더 의욕적이 된다 • 198
| 17 | 행복은 성장에서 나온다 • 201
| 18 | 자신을 리드해야 한다 • 203
| 19 | 고통받는 사람들의 말에 귀 귀울여 주어야 한다 • 205
| 20 | 천사들이 나는 이유는 자신을 가볍게 생각하기 때문이다 • 207

4장
오늘은 바로 내 인생 전체의 축소판이다

| 1 | 작은 일들을 통해 훨씬 더 많은 신뢰가 쌓인다 • 210
| 2 | 질문은 상대방의 생각과 감정을 존중하는 것이다 • 212
| 3 | 우선사항을 이성적으로 선택해야 한다 • 216
| 4 | 데드라인은 행동을 추진시킨다 • 218

| 5 | 삶과 사랑에 빠진 사람들로부터 더 많은 영감을 받는다 • 220
| 6 | 항상 목표를 염두에 두어야 한다 • 222
| 7 | 가장 효과적인 방법은 칭찬하는 것이다 • 224
| 8 | '책임'이란 어떤 일을 하는 능력이다 • 226
| 9 | 매일 매일을 최고의 걸작으로 만들어야 한다 • 229
| 10 | 내적인 힘은 요지부동의 생명력과 기를 발산할 수 있다 • 231
| 11 | 실패는 단지 도약을 위한 밑거름이다 • 235
| 12 | 실천은 직원들을 감동시키는 훌륭한 웅변이다 • 237
| 13 | 비전을 창조하고 그 비전을 실현해야 한다 • 239
| 14 | 리더십은 주체적으로 행동할 때 빛을 발한다 • 241
| 15 | 요청을 두려워해서는 안 된다 • 243
| 16 | 호감보다 존경을 사야 한다 • 248
| 17 | 감정적 반응보다는 능동적으로 행동해야 한다 • 251
| 18 | 누구나 Yes라는 말을 하고 싶어 한다 • 254
| 19 | 변화가 아닌 살짝 방향전환을 하는 것뿐이다 • 258
| 20 | 긍정적인 이메일은 행동을 변화시킨다 • 260

5장

삶은 도전이며 당당히 맞서야 한다

| 1 | 동기 부여는 그 자체로 완벽하다고 여기는 것이다 • 264
| 2 | 의식적인 리더가 되어야 한다 • 267

| 3 | 미래에 초점을 맞추어야 한다 • 270
| 4 | 성공의 방법은 스스로 깨닫도록 해야 한다 • 273
| 5 | 자신에게 맞는 방법을 찾아야 한다 • 275
| 6 | 낙관론자는 기회와 가능성 쪽으로 눈을 돌린다 • 279
| 7 | 노력이나 시도가 아닌 결과에 집중해야 한다 • 282
| 8 | 일상적인 일과는 결국 습관이 된다 • 285
| 9 | 동기 부여의 가장 중요한 원칙은 칭찬과 보상이다 • 289
| 10 | 속도를 늦추어야 한다 • 291
| 11 | 자신 안에 '시간의 전사'를 만들어야 한다 • 294
| 12 | 위대해지지 않은 것에는 변명의 여지가 없다 • 296
| 13 | 억지로 밀어붙여서는 안 된다 • 298
| 14 | 변화는 사과해야 할 일이 아니다 • 301
| 15 | 코치를 받는 일에 마음을 열어야 한다 • 303
| 16 | 직원들에게 믿으라고 요구해서는 안 된다 • 305
| 17 | 도전을 피해서는 안 된다 • 308
| 18 | 개선하거나 비난하기는 결코 동기 부여를 하지 않는다 • 312
| 19 | 내 삶의 방식이 열정과 사랑을 불러일으키게 해야 한다 • 315
| 20 | 이 모든 정보를 실천에 옮겨야 한다 • 317

감사의 말

현존하는 최고의 지도자, 로드니 메르카도 님께 감사의 말을 전한다. 로드니 메르카도는 신동이자 열 가지 전문분야에 통달한 천재이며 현재 애리조나대학 음대 바이올린 교수이다.

또한 척 쿤라트 님께 감사의 말을 전한다. 척 쿤라트는 일반 경영 컨설턴트와는 달리 리더십 노하우만을 전달하는 것에 그치지 않았다. 업무 현장에 놀랄만한 성과와 재미를 동시에 가져다주는 '게임 오브 워크(Game of Work)'라는 동기 부여 시스템을 개발했다.

척은 이 시스템을 자신의 사업체인, PMA 오디오테이프 컴퍼니에 적용했고 그 성과를 공개했다. 또한 자신이 개발한 '게임 오브 워크'가 크고 작은 모든 기업들에게 엄청난 성과를 가져다줄 것이라는 확신을 가지게 되었다. 이 시스템의 개발은 척에게 PMA 컴퍼니보다 더 큰 재정적 성공을 가져다주었다.

아울러 탁월한 동기 부여 코치 스티브 하디슨 님께 감사의 말을 전한다. 우리는 이전의 책들에서 그의 뛰어난 재능에 관해 수없이 언급했지만 결코 모자랄 수는 없을 것이다.

오랫동안 집필 작업에 훌륭한 서비스를 제공해준, 커리어 프레스 출판사의 론 프라이, 지나 탈루치, 마이클 파이께 감사드린다.

마지막으로 훌륭한 교사이자 동기 부여 코치, 그리고 친구였던 린던 듀크를 추모하며 감사의 말을 전한다.

비즈니스는 실제로 승패를 가르는 게임이지만,

진정한 성취는 다양한 정서적인 풍요로움으로 얻을 수 있다.

다시 말해, 친구들과의 우정, 유용한 존재되기, 도움 주기, 배움 얻기 등

승리는 마지막으로 눈을 감을 때 가장 큰 기쁨을 느낀 자의 것이다.

-데일 도튼-

서문

이 책이 출간된 이후로 리더십의 세상은 극적인 변화를 겪었다. 그래서 나와 스콧 리처드슨은 이 리더십 지침서를 끊임없이 수정하고 새로운 내용을 더했다. 그리고 오늘날, 급변하는 사회에서 경쟁력을 발휘할 훌륭한 리더가 되는 방법을 소개하였다.

또한 오늘날 글로벌사회가 요구하는 빠른 의사결정과 열린 의사소통에 대한 새로운 통찰을 다시 포함시켰다.

리더가 주체적인 리더십을 발휘하고 건강한 육체적 에너지를 갖는 것도 중요하다. 이 또한 이전의 리더십 원칙들에 추가했다. 이 책의 초판을 이룬 리더십 원칙들은 법인회사나 교육기관, 비영리단체에서부터 지역사회, 심지어 가족에 이르기까지 모든 종류의 조직에서 리더나 책임자의 자리에 있는 사람들에게 큰 인기를 끌었다.

다른 사람들에게 동기를 부여하는 일에는 사람들의 깊은 열망과 접촉하는 것이 필요하다. 또한 단순히 일을 잘하는 방법에 관한 수많은 정보를 한 아름 안겨주기만 해서는 안 된다. 중요한 것은 정보를 얻는 것보다 정보를 이용해 새롭게 탈바꿈하는 것이다. 즉 행동이 가장 중요하다.

또한 탁월한 리더는 신뢰보다는 테스트를 중시한다. 그는 직원들이 새 시스템이나 변화를 신뢰하도록 만드느라 시간을 낭비하지 않는다. 그는 새로운 시스템이나 변화를 테스트 해볼 방법을 찾는 데 집중한다.

오늘날의 세상과 일터는 급격한 변화를 겪고 있다. 더 이상 원인과 결과가 분명한 예측 가능한 변화가 아니다.

나심 니콜라스가 그의 저서 '블랙 스완(The Black Swan)'에서 극적으로 묘사한 것처럼 절대적으로 예측 불가능한 충격적인 변화이다. 탁월한 동기 부여 코치들은 지금 이 변화를 환영하면서 사람들이 모든 변화를 건설적인 기회로 볼 수 있도록 도와주고 있다.

오늘날의 조직들은 그 어느 때보다도 갑자기 사라질 위험에 처해 있다. 그들은 바로 지금 당장 쓸모없는 존재가 될 수도 있다. 하지만 다른 사람들과 자신을 열정을 가지고 행동하도록 이끄는 데 능통한 리더는 이 상황을 두려워하는 것이 아니라 흥미진진하다고 생각한다.

독자 여러분들을 위해 새로 펴낸 이 개정판은 이런 비즈니스 현실에서의 비약적인 변화들을 모두 다루고 있다. 이 책은 당신이 글로벌 시장과 새로운 기회들을 맞으며 느끼는 흥분과 감흥을 직원들도 똑같이 느낄 수 있게 용기를 북돋아주는 당신의 리더십 기술을 더 새롭게 하고 업그레이드 할 수 있도록 해줄 것이다.

  이번에 추가한 새로운 방법들은 저자 자신은 물론 우리가 코치를 했던 리더들에게도 효과적이었다. 하지만 이 방법들은 이론이 아니다. 단순한 이론이 아니기 때문에 우리는 여러분이 이것들을 즉시 사용하기를 권한다. 또한 이것들을 규칙이 아니라 도구로 보기를 바란다.

스티브 챈들러

1장

누구나 성공에 필요한 자질이 있다

문제해결의 첫 번째는 문제를 포획하는 것이다.

두 번째는 그 문제를 재정의 하는 것이다.

세 번째는 도움을 구하는 것이다.

마지막으로 프로젝트를 완성하는 것이다.

| 1 |
사람을 관리하는 것이 아니라 합의안을 관리하는 것이다

리더십이란 당신이 시키려는 일을
그가 하고 싶어서 하도록 만드는 기술이다.

– 드와이트 D. 아이젠하우저 –

우리가 리더십 강의를 했던 한 세미나에 한 세일즈 매니저가 강의가 시작되기 전에 찾아왔다. 그는 그린 색 셔츠에 주름 잡힌 흰색 바지를 입고 그날 하루 골프를 즐길 채비를 끝낸 상태였다. 그는 강의실로 와서 이렇게 말했다.

"이 강의를 듣는 것이 의무사항은 아니지요? 따라서 저는 참석하지 않으려고요."

"그건 괜찮아요. 그런데 왜 당신은 그 말을 하러 이렇게 일찍 강의실을 찾아온 거죠? 분명 당신이 알고 싶어 하는 것이 있었을 텐데요."

"음, 맞아요. 있어요."

그가 인정했다.

"제가 알고 싶은 건 어떻게 하면 우리 영업 팀의 성적을 올릴 수 있는가 하는 것뿐입니다. 제가 그들을 어떻게 관리해야 하죠?"

"당신이 알고 싶은 것이 그게 전부인가요?"

"네, 그게 전부예요."

그는 선언하듯 말했다.

"음, 그럼 당신은 시간을 낭비하지 않고 제시간에 골프를 치러 갈 수 있겠네요."

그러자 그는 팀의 성적을 올릴 수 있는 방법에 대한 비법이 나오기를 기다리며 앞으로 몸을 기울였다.

"한마디로 그건 불가능합니다."

"뭐라고요?"

"당신은 어떤 사람도 관리할 수 없습니다. 그러니 이제 골프를 치러 가도 됩니다."

"무슨 말씀이죠?"

그가 물었다.

"이 세미나는 사람들에게 동기를 부여하는 방법에 관한 것인 줄 알았는데요. 불가능하다니 무슨 뜻이죠?"

"우리가 하는 모든 세미나들이 그 주제를 다루는 것은 맞습니다. 하지만 우리가 리더들에게 가장 먼저 가르치는 것 중 하나는 그들은 실제로 사람들을 직접 통제할 수 없다는 사실입니다. 사람들에게 동기를 부여하는 힘은 언제나 그들 자신에게서 나옵니다. 당신이 아니라요."

"그럼 당신들이 가르치는 것은 무엇인가요?"

"우리는 직원들이 스스로 동기 부여를 하도록 만드는 법을 가르칩니다. 그것이 핵심이지요. 당신은 사람들을 관리하는 것이 아니라 그들과 합의안을 만들고 그것을 관리함으로써 그렇게 할 수 있습니다. 오늘 아침 우리가 강의하려고 하는 내용이 바로 그것입니다."

이 세일즈 매니저는 바지주머니 안에 다시 자동차 키를 넣었다. 그는 강의실 제일 앞쪽에 앉아 강의를 들었고, 남은 세미나에도 모두 참석했다.

| 2 |
모든 사람들은 이미 성공에 필요한 자질이 있다

자기절제란 자신이 무엇을 원하는지를
잊지 않는 것이다.

– 데이비드 캠벨(삭스 피프스 애브뉴 백화점 창립자) –

자제력이 일부 사람들만 지닌 것이라는 착각은 거의 모든 사람들의 생각이다. 사실 우리는 자제력을 지니고 있거나 없는 것이 아니다. 우리는 단지 자제력을 사용하거나 사용하지 않을 뿐이다.

달리 말하면 자제력은 마치 언어와 비슷하며 어떤 아이라도 언어를 배울 수 있다.(사실 모든 아이들은 언어를 배운다.) 물론 90세 노인이라도 언어를 배울 수 있다. 9세든 90세든 비 오는 날 멕시코시티에서 길을 잃었다면 스페인어를 약간만 사용하여 따뜻하고 안전한 장소를 찾아갈 수 있다.

여기서 스페인어는 자제력과 비슷하다. 우리는 그것을 가지고 태어난 것은 아니지만 사용할 수는 있는 것이다. 사실 우리가 원하는 만큼 많이 또는 적게 사용할 수도 있다. 게다가 더 많이 사용할수록 더 발달시킬 수도 있다.

만약 당신이 멕시코시티로 전근을 가서 그곳에서 1년 동안 생활해야 한다면 스페인어를 더 많이 구사할수록 더 편할 것이다. 한 번도 스페인어를 말해본 적이 없다 하더라도 당신은 여전히 이 언어를 사용할 수 있다.

그저 조그만 스페인어 회화사전을 펼치고 스페인어를 말하기 시작하기만 하면 된다. 그 작은 사전을 보고 길을 묻거나 도움을 요청할 수도 있다! 특별한 어떤 능력을 타고나야 할 필요는 없다.

이것과 똑같은 원리가 자제력에도 적용된다. 하지만 대부분의 사람들은 이 사실을 믿지 않는다. 대부분의 사람들은 자제력이 있는 사람이 있고, 없는 사람이 있다고 생각한다. 그들은 자제력이 성격의 한 특징이거나 개인의 영구적인 특성이라고 생각한다. 하지만 완전히 잘못된 생각이다. 이런 오해는 한 사람의 인생을 망칠 수 있는 큰 실수이다.

사람들이 자제력에 대해 어떻게 오해하고 있는지 들어보자.

"그 사람에게 조금이라도 자제력이 있다면 우리 회사의 톱 세일즈맨이 될 수 있을 텐데."

최근에 한 회사의 경영자가 이렇게 말했다.

"하지만 그에게는 전혀 자제력이 없어 보여."

그렇지 않다. 그는 다른 어느 누구와 비교해도 부족하지 않은 자제력을 가지고 있다. 그는 그저 아직 그것을 사용하기로 선택하지 않았을 뿐이다. 만약 당신의 직원이 자제력이란 우리에게 있거나 없는 것이 아니라 우리가 사용하는 어떤 것이라는 사실을 제대로 이해한다면, 그 사람은 자제력을 이용해 사실상 그가 정한 어떤 목표도 이룰 수 있다. 그는 원할 때마다 언제나 자제력을 사용할 수 있고, 원하지 않을 때면 언제나 사용하지 않고 놔둘 수 있다.

하지만 그러는 대신 우리는 걱정을 한다. 내게 그 필요한 자질이 있는지, 내게 자제력이 있는지, 부모님이나 어른들이 자제력을 내 안에 넣어놓았는지 걱정을 한다.(어떤 사람들은 자제력이 경험을 통해 얻어지는 것이라고 생각한다. 또 어떤 사람들은 그것이 유전적으로 내재하는 것이라고 생각한다. 하지만 둘 다 틀렸다. 애초에 그것은 우리 안에 '심어진' 것이 절대 아니다. 자제력은 어느 누구라도 마치 망치나 사전처럼 사용할 수 있는 도구이다.)

반가운 일은 당신이나 직원들이 이 실수를 바로잡는 일에 너무 늦은 때란 없다는 사실이다. 진짜 진실을 아는 데 너무 늦은 때란 없다.

현명한 리더들은 모든 사람들 안에 이미 성공에 필요한 모든 자질이 있다는 것을 알기 때문에 자신의 직원들에게서 더 많은 성과를 얻는다.

현명한 리더들은 성과를 못 내는 대부분의 사람들이 능숙하게 전하는 변명이나 사과, 슬픈 운명론 따위는 믿지 않는다. 단지 믿지 않을 뿐이다.

| 3 |
우선 그 사람의 말을 경청해야만 한다

사람들에게 일을 어떻게 해야 하는지를 말하지 말고,
그들에게 무엇을 해야 하는지를 말하라.
그다음에는 그들이 결과로 당신을 놀라게 하라.

— 조지 S. 패톤 —

당신이 하는 말을 듣지 않는 사람에게 동기를 부여하는 일은 불가능하다.

만약 당신이 하는 말이 상대의 심리적 방패 막에 부딪혀 튕겨져 나온다면 당신이 얼마나 능숙하게 설명을 하는지는 별 차이를 만들지 못한다. 그들은 당신의 말을 경청하지 않는다. 직원들이 당신의 말에 감동을 받고 행동하게 하려면 우선 그들이 당신의 말을 들어야만 한다.

상대방이 당신을 말을 듣게 하려면, 우선 그 사람의 말을 먼저 경청해야만 한다. 항상 내가 하고 싶은 말을 먼저 한다면 실패할 것이다. 왜냐하면 상대방은 당신이 그의 주파수에 맞추었고 그가 생각하는 바를 완벽히 이해했다는 것을 먼저 확인해야만 하기 때문이다.

리더십의 권위자인 워렌 베니스는 이렇게 말했다.

"어떤 코치상황에서도 명심해야 할 첫 번째 규칙은 코치는 먼저 상대의 말을 깊이 경청해야만 한다는 것이다. 즉 코치는 '상대방'이 사고하는 상황의 맥락을 이해해야만 한다. 코치는 상대가 말하고 있는 상태에 먼저 주파수를 맞추어야 한다. 간단히 말해 리더십의 기본은 상대방의 사고방식, 즉 그를 형성하는 틀을 바꿀 수 있는 능력일지 모른다. 그것은 쉬운 일이 아니다. 우리 대부분은 상대방에게 주파수를 맞춘다고 생각하면서도 보통은 자기 자신의 말에 가장 주의를 기울인다는 것이 사실이기 때문이다."

우리는 랜스라는 이름의 한 금융서비스 회사 CEO를 코치한 적이 있었다. 랜스는 여성 네 명으로 구성된 회사 회계 팀과 일하는 데 어려움을 겪고 있었다. 그들은 랜스를 좋아하지 않았고, 그를 신뢰하지 않았다. 그들은 랜스와 함께 하는 모든 회의를 끔찍이 두려워했다. 그가 회의 때마다 그들의 결점들을 거듭 지적했기 때문이었다.

랜스는 더 이상 어찌할지 몰라 코치를 요청했다.

"그들을 한 번에 한 명씩 면담하세요."

우리가 조언했다.

"무슨 말을 하죠?"

"아무 말도 하지 마세요. 그냥 들으세요."

"뭘 들으라고요?"

"당신 앞에 앉은 사람이 하는 말을요."

"내 계획은 뭐죠?"

"계획은 없어요."

"뭘 물어봐야 하나요?"

"요즘 삶은 어때요? 이 회사에서 당신의 생활은 어떤가요? 어떤 걸 바꾸고 싶나요?"

"그다음에는요?"

"그런 다음에는 그냥 들으세요."

"내가 그것을 할 수 있을지 모르겠네요."

그의 회사 회계 팀의 사기 저하의 원인은 이제 밝혀졌다. 나머지는 랜스에게 달렸다.

| 4 |
경영진을 비난하는 것이 아니라 대변해야 한다

심장에 나쁜 일이 두 가지 있다.
하나는 오르막을 달리는 것, 다른 하나는 사람들을 비방하는 것이다.

― 버나드 킴벨 ―

당신이 당신의 상사들과 거리를 두려는 행동은 엄청나게 유혹적일 것이다.

어쩌면 당신은 직원들에게 호감을 사거나 그들과 같은 피해자라는 유대감을 만들려고 그러는 것일 수 있다. 하지만 그렇게 하는 일은 좋은 결과를 낳지 못한다. 사실 당신이 상사들과 거리를 두는 일은 결국 당신의 팀원들의 자신감에 악영향을 미칠 것이다. 당신의 그런 행동은 팀원들의 사기와 의욕에 아주 치명적인 손상을 입힐 다음과 같은 세 가지 메시지를 보낸다.

1. 이 회사는 신뢰할 수 없다.
2. 회사의 경영진은 우리와 같은 편이 아니다.
3. 진정한 친구, 우리의 상사는 회사 안에서 약하고 무능하다.

그런 행동은 확실하지만 찜찜한 유대감을 형성하고 나아가 심각한 불신, 회사의 정의에 대한 심한 경멸로 이어진다. 상위 경영진을 비방하는 일은 은연중에 일어날 수도 있고 최고 책임자의 이름을 말하면서 눈을 굴린다던가 대놓고 할 수도 있다.("이것을 왜 해야 하는 건지 이해가 안 돼. 누구도 이 정책에 대해 내게 상의한 적이 없다고. 아마 내가 반대할 거라는 걸 알았기 때문이겠지.")

이런 실수는 그 사람들이란 단어를 계속 사용함으로써 더 심각해진다.("그 사람들이 우리가 그렇게 하도록…….", "나는 왜 그 사람들이 우리한테 이 일을 이런 방식으로 하라고 하는지 이해할 수 없어…….", "그 사람들, 그 사람들, 그 사람들…….").

그 사람들이란 말을 지나치게 사용하면 곧 욕에 가까운 말이 되어버린다. 게다가 우리 팀은 고립되고 이해받지 못하는 피해자라는 느낌을 더 확고하게 만든다.

진정한 리더는 상위 경영진을 비방하는 것이 아니라 그들을 대변하는 용기를 가진다. 진정한 리더는 우리라고 말한다.

| 5 |
머리는 한 번에
한 가지 생각만을 한다

경영이란 제대로 일을 잘하는 것이다.
반면 리더십이란 옳은 일을 하는 것이다.

– 피터 드러커 –

내가 지금 옳은 일을 하고 있지 않다면 나는 사람들에게 의욕을 고취시킬 수 없다. 또한 여유 있고 집중한 상태를 지속하려면 주의를 분산시키거나 산만해지지 않게 하는 것이 중요하다.

할 일이 너무 많다고 생각하면서 바쁘게 뛰어다니지 않도록 해야 한다. 할 일이 너무 많을 수는 없다.

사실, 할 일은 오직 하나만 있다. 그리고 그 하나의 일은 지금 이 순간 내가 하려고 선택한 그것이다.

그 한 가지 일을 마치 내가 생각해야 할 전부인 것처럼 집중해서 한다면 나는 그 일을 엄청나게 잘하게 될 것이다. 또한 그 일과 관련한 사람과의 관계 또한 더 향상되고 신뢰도 넘치게 될 것이다.

내가 보낸 지난 한 주를 살펴보자.

나는 많은 일들을 했고 그것들은 모두 한 번에 한 가지씩 이루어졌다. 사실 제일 바빴던 때조차도 나는 한 번에 오직 한 가지 일만을 할 수 있었다. 물론 나는 늘 머릿속에서 한 번에 7가지 일을 생각하고 있었다. 물론 다른 사람들을 스트레스 받게 했지만 말이다.

누군가와 대화를 하면서도 나는 앞으로 이야기를 나눠야 할 다른 7명의 사람들을 생각했다. 결국 나와 대화를 나눈 7명의 사람들 모두 내가 스트레스를 받고 있고, 주의를 기울이지 않으며, 따뜻한 인간미가 전혀 없다는 것을 느꼈다. 한 번에 한 가지 이상의 일을 하는 것은 우리의 인체에 불안, 두려움, 아드레날린(adrenaline)을 만들어낸다. 그리고 사람들은 그것을 알아차린다. 사람들은 그런 것들에 끌리지 않는다. 사람들은 그것을 멀리 하려고 한다.

머리는 한 번에 한 가지 생각만을 한다. 살아가면서 일에 '파묻히거나', '압도된 듯한' 느낌을 받는 가장 큰 원인은 이 사실을 깨닫지 못하는 데서 나온다.

직장에서 스트레스의 가장 큰 원인은 머리가 한 번에 많은 생각, 많은 업무, 많은 미래의 시나리오들, 많은 걱정거리, 많은 보살필 일들, 많은 관심거리를 다 품으려고 시도하기 때문이다.

머리는 그것을 할 수 없다. 어느 누구의 머리라 해도 그것은 불가능하다. 심지어 아인슈타인의 머리조차도.

나는 할 일 목록에서 하나를 선택하고 그다음에는 그 한 가지를 마치 내가 할 유일한 일인 것처럼 해야 한다. 만약 그것이 전화를 거는 일이라면 나는 숨을 고르고 긴장을 풀고 나를 기분 좋은 상태로 만들어서 그 통화가 좋은 경험이 되고, 통화 뒤에는 상대방과 내가 완전히 만족할 수 있도록 해야 한다.

동기 부여는 한 가지 일, 오직 한 가지 일에만 몰입하는 차분하고 중심이 잡힌 리더에게서 나올 수 있다.

| 6 |

성과를 내는 일에는
지속적인 피드백이 필요하다

필요한 때 적절한 피드백을 주지 않는 것은
우리가 인간에게 가할 수 있는 가장 극단적인 잔인함이다.

– 찰스 쿠라트(경영 컨설턴트) –

인간은 피드백을 갈망한다. 세 살짜리를 무시해보라. 처음에 꼬마는 상냥한 관심을 요구할 것이다. 하지만 아이가 계속 무시당하면 곧 당신은 우당탕 요란한 소리와 울음소리를 듣게 될 것이다. 왜냐하면 어떤 피드백이든 심지어 부정적인 피드백이라도 아무런 반응을 못 받는 것보다는 낫기 때문이다.

어떤 사람들은 이 원칙이 아이들에게만 적용되는 것이라고 생각한다. 하지만 이것은 어른들에게도 적용되는 것이며 오히려 더 크게 적용된다. 감옥 안의 가장 잔인한 형벌은 독방 감금이다. 대부분의 죄수들은 피드백이 아예 없거나 아주 적은 상황에 처하게 되는 것을 피하기 위해 어떤 일이든 할 것이다. 심지어 일시적으로나마 행동을 개선시키기까지 한다.

어쩌면 당신은 감각자극을 모두 제거한 공간 속에서 잠시 동안은 릴렉스 효과를 경험했을지 모른다. 누에고치 같은 어두운 작은 공간 안에서 모든 빛과 소리가 차단된 상태로 체온과 비슷한 온도의 소금 물에 떠 있는 상태 말이다. 몇 분 동안은 정말 좋다. 하지만 너무 오래는 안 된다.

그런 서비스를 제공하는 한 업체에서 어느 날 감각차단 탱크 하나를 담당하는 직원이 직장의 부당한 일에 화가 나서 탱크 안에 갇힌 손님을 놔두고 씩씩대며 나가버렸다. 몇 시간이 지난 후 그 손님은 구조되었지만 여전히 입원 치료가 필요했다. 육체적인 부상은 전혀 없었지만 감각적 피드백의 차단으로 일어난 정신이상 때문이었다.

모든 외부자극이 차단되었을 때 발생하는 일은 우리의 마음이 환영의 형태로 자체 감각 피드백을 만들어내는 것이다. 그 환영은 종종 우리가 가진 최악의 공포를 구현한다. 그에 따른 끔찍한 공포와 불쾌감은 정상적인 사람마저도 정신이상의 상태로 몰아갈 수 있다.

당신의 직원들 역시 다를 바 없다. 만약 당신이 피드백을 차단한다면 그들의 마음은 자체 피드백을 만들어낼 것이고 많은 경우 최악의 공포를 구현할 것이다. 신뢰와 의사소통이 직원 설문조사에서 가장 자주 언급되는 두 가지 문제라는 사실은 결코 우연이 아니다.

인간은 대충 달래주는 말이 아니라 진짜 피드백을 갈망한다. 직원들에게 의욕을 고취시키는 일에 가장 문제가 있는 상사들은 피드백을 가장 적게 주는 사람들이다. 그들은 직원들이 "지금 우리가 잘하고 있나요? 성적이 어떤가요?"라고 물을 때, "글쎄요. 잘 모르겠어요. 자료를 못 봤지만 나는 우리 팀이 이번 달에 꽤 잘하고 있다는 느낌이 들어요."라고 대답한다.

    이런 리더들은 직원들이 더 많은 성과를 내도록 격려하는 일에 어려움을 겪는다. 성과를 내는 일에는 지속적인 피드백이 필요하다. 만약 직원들에게서 최고의 성과를 얻고자 한다면, 당신은 통계수치와 그 의미를 가장 잘 아는 사람이 되어야만 한다. 그것은 절대 필수적이다. 탁월한 리더는 할 일을 게을리 하지 않는다. 그들은 현실을 잘 파악하고 있다. 그리고 계속해서 사람들에게 사정을 알려준다.

| 7 |
변화를 찬성하는 열렬한 대변인이 되어야 한다

어떤 조직도 미래에서 살아남기 위해서는
지금 하는 모든 일들을 버릴 준비가 되어 있어야 한다.

− 피터 드러커 −

리더로서의 역할은 언제나 직원들이 낙천적이고 기운이 넘치며 변화에 직면했을 때 전력을 다해 일할 준비가 되도록 만드는 것이다. 그것이 리더가 할 일이다. 대부분의 상사들은 이 일을 하지 않는다. 그들은 자신의 역할을 보모나 문제 해결사, 소방관 따위로 본다. 그래서 그들은 자신들 주위에 보채는 아기들, 문젯거리들, 화재들을 만들어낸다.

직원들이 변화에 직면했을 때 어떤 심리적 반응을 보이고, 그 반응이 어떤 예측 가능한 단계를 따르는지를 파악하는 것은 아주 중요하다.

당신의 직원들은 변화에 직면했을 때 다음의 4단계를 거친다. 리더로서 당신은 이 과정을 관리하는 법을 배울 수 있다.

변화의 단계

1. 반대: "이것은 좋을 리가 없어."
2. 회피: "나는 정말로 이 문제를 다루고 싶지 않아."
3. 탐구: "어떻게 이 변화를 내게 유용하도록 만들 수 있을까?"
4. 받아들임: "나는 이 변화가 동료들과 내게 어떻게 도움이 될 수 있을지 알아냈어."

때로는 직원들이 처음 세 단계를 거치기까지 오랜 시간이 걸리기도 한다. 직원들이 변화에 저항하면 생산성과 사기는 아찔할 정도로 추락한다. 변화에 저항하는 것은 인간의 본성이다. 우리는 누구나 변화에 저항한다. 만약 탁월한 리더라면 이 변화 주기를 완전히 이해해서 직원들이 가능한 빨리 '받아들임' 단계에 이를 수 있도록 해야 한다. 직원들이 이 변화를 상사인 리더는 물론이고 자신들과 회사에 도움이 되도록 만들도록 완전히 깊이 '받아들이게' 해야 한다.

그러면 어떻게 그들이 1,2,3단계를 통과하도록 도와줄 수 있을까? 먼저 리더는 이 변화를 가능한 가장 열정적이고 긍정적으로 전달할 수 있도록 준비해야 한다. 많은 훌륭한 코치들은 이렇게 말했다.

"게임을 승리로 이끄는 것은 이기려는 의지가 아니라 이길 수 있도록 준비하려는 의지이다."

리더는 자신을 무장해야 한다. 이 새로운 변화를 찬성하는 열렬한 대변인이 되도록 그 변화에 대해 연구하고 정보를 얻어야 한다.

대부분의 리더들은 이것을 하지 않는다. 그들은 직원들이 변화에 저항한다는 것을 알고는 그들의 의리 있는 저항에 동참한다. 그들은 직원들의 강렬한 절규를 동정한다. 그들은 이 변화가 얼마나 성가신 일인지를 토로한다. 그들은 심지어 이 변화에 대해 사과하기까지 한다. 그들은 이 일이 일어나지 말았어야 했다고 말한다.

"이 일은 절대 일어나지 말았어야 했어요. 미안합니다. 여러분들이 감당해야 할 그 많은 일들도 있는데 지금 이런 일까지 일어나다니 유감입니다."

회사 내부에서 일어나는 모든 변화들은 회사의 경쟁력과 효율성을 향상시키기 위한 것이다. 리더는 자신의 직원들이 이 변화들 속에서 그들에게 이로운 것들을 보기를 바라야 한다. 직원들이 더 경쟁력 있는 회사일수록 더 안정적인 직장이라는 사실을 정말로 직접 볼 수 있기를 바라도록 해야 한다.

회사 외부의 변화들은 어떨까? 정부 규제, 시장 변화, 유통 문제 등. 이런 경우 리더는 직원들에게 경쟁사도 똑같은 변화에 직면한다는 것을 강조해야 한다. 들판에 비가 내린다면 비는 양쪽 모두에게 똑같이 내린다. 그때 리더는 회사의 우천 전략의 우월성을 강조해야 할 것이다. 이 비가 자신들에게 유리한 점이 되도록 말이다.

또한 리더는 자신의 팀원들이 늘 변화하는 것을 좋은 습관으로 삼도록 만들어야 한다. 그렇다. 팀원들은 변해야 할 때가 닥치기 전에 먼저 변화해야 하는 것을 알아야 하기 때문이다.

| 8 |
주체성은 본질상
그 당사자만이 기를 수 있다

자기 안의 위대한 면을 따르는 사람들은 위대해진다.
반면 자기 안의 소심한 부분을 따르는 사람은 보잘 것 없는 사람이 된다.

— 맹자 —

당신이 동기 부여를 하려는 직원들은 두 가지 범주로 나눌 수 있다. 주체적인 사람과 피해자이다.

이런 구분은 스티브의 저서 '너 자신을 경이롭게 재창조하라'에서 나온 것이다. 이 책은 어떻게 주체적인 사람이 자신의 행복에 완전한 책임을 지고, 피해자들은 항상 자신의 불행한 이야기들에 빠져 살고 있는지를 구체적으로 설명하고 있다.

피해자들은 남들을 탓하고 상황을 탓하며 다루기 힘든 사람들이다. 반면 주체적인 사람들은 자신의 사기를 스스로 책임진다. 그들은 어떤 상황에서든 자신의 반응을 자신이 컨트롤 한다.

한 세미나에서 회사 CEO인 마르크스가 쉬는 시간에 스티브에게 다가왔다.

"우리 회사에는 피해자 마인드를 가진 사람들이 너무 많아요."

마르크스가 말했다.

"그건 우리 문화의 일부이지요."

스티브가 대답했다.

"네. 알아요. 하지만 어떻게 하면 그들에게 자신이 피해자 마인드를 갖고 있다는 것을 깨닫게 할 수 있을까요?"

"다른 방법으로 접근해보세요."

스티브가 말했다.

"그들이 피해자처럼 행동하지 않을 때 기뻐하세요. 그들이 주체적으로 행동하는 것을 지적하세요. 그들이 상황을 주도하고 스스로 책임을 질 때를 알아봐 주세요."

"좋아요. 그럼 각 타입의 사람들을 대할 때 어떻게 다른 테크닉을 사용하면 좋을까요?"

마르크스가 물었다.

"글쎄요, 두 부류의 사람들이 다 있으니까요. 우리 회사에는 주체적인 사람들도 있거든요. 그들은 어떻게 달리 대해야 할까요?"

"당신의 삶에서 주체적인 사람을 대할 때 당신은 테크닉이 필요하지 않아요. 그저 그들에게는 고마워하세요."

스티브가 말했다.

"아마 당신은 자연스럽게 그렇게 할 겁니다. 피해자 마인드를 가진 사람들에게는 인내심을 가지세요. 그들의 감정을 공감하면서 들어주세요. 당신은 그들의 피해자 관점을 믿지 않으면서도 그들의 감정에 공감할 수 있습니다. 그런 다음 그들에게 다른 관점을 보여주세요. 그들을 위해 행동으로 보여주세요. 그들은 자신의 두 눈으로 그것이 더 나은 결과를 가져온다는 것을 볼 것입니다."

"그냥 당신을 회사로 초빙해서 직원들에게 주체성에 관한 세미나를 듣게 하면 안 되나요?"

마르크스가 말했다.

"우리가 당신 회사의 직원들에게 주체성 트레이닝을 한다 해도 결국 당신은 여전히 일터에서 그들을 이끌어야 할 겁니다. 일터에서 직원들을 이끄는 당신만의 방법을 찾으세요. 당신 자신의 개성과 스타일을 접목시킨 방법들을 고안하세요. 마법의 처방은 없습니다. 오직 헌신만이 있을 뿐이에요. 직원들이 스스로 책임을 지는 창조적이고 낙관적인 사람들이 되도록 헌신하는 리더들은 정확히 원하는 것을 얻게 될 것입니다. 헌신하지 않는 리더들은 그것을 얻지 못합니다. 당신이 취할 세 가지 기본 행동은 첫째, 직원들이 주체적인 행동을 할 때마다 칭찬하라. 둘째, 스스로 주체적인 사람이 되어라. 셋째, 직원들의 사기와 실적을 온전한 당신의 책임으로 여기라는 것입니다."

마르크스는 걱정스런 표정이었다. 그는 여전히 완전히 받아들이지 못하고 있었다.

"뭐가 문제인가요?"

스티브가 물었다.

"기분 나빠하지 마세요."

"물론이지요."

"어떻게 짜증나는 '긍정주의자'처럼 보이지 않으면서 피해자 마인드를 가진 사람을 변화시킬 수 있을까요?"

"진정한 리더가 되기 위해 짜증나는 긍정주의자가 될 필요는 없어요. 그저 현실적이면서 솔직하고 낙관적이기만 하면 됩니다. 현실적이고 진실한 긍정적인 면에 집중하세요. 다른 사람들을 험담하거나 비방하지 마세요. 늘 효과가 있는 절대적인 비법은 없습니다. 하지만 우리의 경험상, 리더 자신이 강력한 주체성의 본보기가 되고, 다른 사람들이 보이는 주체성을 알아보고, 인정하고, 칭찬한다면(특히 회의 중에요. 피해자 마인드의 직원들이 당신이 그렇게 하는 것을 들을 수 있도록 말이지요.) 그런 환경에서 직원들이 피해자처럼 행동하는 것은 점점 힘들어질 것입니다. 기억하세요. 피해자처럼 구는 행동은 근본적으로 봤을 때 공갈협박입니다. 그건 교묘한 조종이에요. 그것을 논리적으로 타당한 관점인 것처럼 여길 필요는 없습니다. 왜냐하면 그건 타당한 관점이 아니니까요."

"좋아요. 알겠어요. 그건 할 만한 것 같군요."

마르크스가 말했다.

"하지만 마음에 걸리는 새 직원이 한 명 있는데요. 그는 처음 몇 달간은 아주 훌륭한 성과를 냈습니다. 하지만 지금 그는 길을 잃고 배신당한 것처럼 느끼고 있어요. 아무튼 그의 태도는 그렇습니다. 그에게 어떻게 주체성을 주입시킬 수 있을까요?"

"당신이 실제로 그것을 '주입'시킬 수는 없어요. 직접적으로는 안 됩니다. 주체성은 본질상 그 자신만이 기를 수 있습니다. 하지만 당신은 그에게서 주체성을 볼 때마다 격려하고 응원할 수 있습니다. 당신은 그것을 칭찬하고 육성해줄 수 있습니다. 심지어 그것을 보고 축하해 줄 수도 있지요. 만약 당신이 이 모든 일들을 한다면 그의 주체성은 정원에 피어나는 꽃처럼 모습을 드러낼 수 있을 겁니다. 실제로 당신이 직접 꽃을 피우는 것은 아니지만, 당신이 특정한 일들을 해준다면 그때 모습을 드러낼 것입니다."

| 9 |
리더십의 기본원칙은 본보기이다

당신은 사람들을 변화시킬 수 없다.
당신 자신이 사람들에게서 보고자 하는 변화가 되어야만 한다.

- 간디 -

앞장서서 리드하는 것보다 더 의욕을 고취시키는 것은 없다.

당신이 직접 나서서 몸소 행동으로 보여줄 때 사람들은 동기를 부여받는다. 사람들이 했으면 하는 일을 당신이 직접 할 때, 그 행동은 사람들에게 영감을 준다. 사람들은 자신의 행동을 고치거나 수정받는 것보다는 영감을 받는 것을 더 좋아한다. 그들은 그 어떤 것보다도 영감을 받는 것을 좋아한다.

동기를 부여하는 방법의 하나로써 앞장서서 리드하기는 그 어떤 방법보다 더 강한 충격을 주고 더 오래 영향을 미친다. 당신이 할 수 있는 그 어떤 것보다 그 방법이 사람들에게 더 깊은 영향을 주고 그들을 완전히 변하게 만든다.

그러니 당신 자신이 당신이 보고자 하는 변화가 되어야 한다.

만약 직원들이 더 긍정적이기를 원한다면 더 긍정적인 사람이 되어야 한다. 만약 직원들이 자신의 일에 자부심을 갖기를 원한다면 당신의 일에 스스로 더 큰 자부심을 가져야 한다. 그들에게 그것이 어떻게 이루어지는지를 보여주어야 한다.

그들이 외모를 가꾸고 프로다운 옷차림을 하기를 원하는가? 그럼 당신 스스로 외모를 가꾸어야 한다.

그들이 시간 약속을 잘 지키기를 바라는가?

그럼 당신이 항상 일찍 와야 한다.

조지 패튼 장군은 이렇게 말하고는 했다.

"리더십에는 세 가지 기본원칙이 있다네. 첫째, 본보기. 둘째, 본보기. 셋째, 본보기라네."

| 10 |

영혼은 그것이 가진
생각들의 색깔로 물든다

위대한 사람들은 생각의 힘이 그 어떤 물리적 힘보다도 강하다는 것,
생각이 세상을 지배한다는 사실을 아는 사람들이다.

– 랄프 왈도 에머슨 –

비즈니스 코치이자 라이프 코치, 직관심령술사인 재클린은 지난주에 우리에게 한 학구에서 일하는 어떤 수리공에 대한 이야기를 해주었다. 그는 지난 20년 동안 매일 출근카드를 찍고 늘 똑같은 일을 한 것에 대해 불평을 했다.

"나는 완전히 지쳐버렸어요. 내겐 변화가 필요해요!"

그 수리공이 외쳤다.

"그럴 수도 있겠네요."

재클린이 말했다.

"하지만 어쩌면 당신은 지금 직장에서 당신이 싫어하는 상황을 사랑

하는 법을 배워야 할지 몰라요. 그렇지 않으면 다음번 직업에서 다른 모습으로 위장한 그 상황과 다시 마주칠 수도 있거든요."

그 수리공은 대답했다.

"그 말을 확실히 믿지는 못하겠어요. 설사 믿는다고 해도, 그게 어떻게 가능하죠?"

"글쎄요."

그녀가 말했다.

"매일 너트와 볼트를 죄는 것 말고 당신이 하는 일의 고귀한 목적이 있나요?"

"그건 쉽군요."

수리공이 대답했다.

"내 일의 고귀한 목적은 매일 어린이들의 생명을 구하는 것이에요."

"네. 멋지군요!"

그녀가 속삭였다.

"이제 아침마다 자신이 매일 어린이들의 생명을 구한다는 고귀한 목적을 떠올린다면 당신은 자신의 일과 책임이 너무 중요해서 출근카드를 찍는 것 따위는 더 이상 중요하지 않다는 것을 분명히 알게 될 거예요."

재클린은 수리공에게 생각을 하는 새로운 방법을 알려주었다. 그녀는 그가 경험을 변화시키는 생각의 힘을 경험하게 했다.

당신이 동기를 부여하고자 하는 모든 사람들이 삶에서의 생각의 힘을 깨닫게 해야 한다. 그보다 더 중요한 것은 없다.

왜 비가 오면 한 사람은 우울해하고 다른 사람은 행복해할까?

만약 어떤 대상 때문에 당신이 어떤 감정을 느낀다면 왜 비라고 불리는 이것은 한 사람에게는 이런 감정을, 다른 사람에게는 다른 감정을 느끼게 할까? 어떤 대상 때문에 당신이 어떤 감정을 느낀다면 왜 비를 보고는 두 사람 다 똑같은 감정을 느끼지 않을까? 당신의 어떤 직원은 이렇게 말할 것이다.

"오 이런, 날씨가 안 좋아."

또 다른 직원은 이렇게 말할 것이다.

"오 세상에. 멋지군. 촉촉이 비가 내리네!"

비가 이 두 사람에게 어떤 감정을 느끼게 하는 것은 아니다.(어떤 사람도, 어떤 장소도, 어떤 물건도 감정을 일으키지는 않는다.) 감정을 일으키는 것은 비에 대한 당신의 생각이다. 리더로서의 모험적인 여정에서 당신은 사람들에게 정말 중요한 개념을 가르쳐줄 수 있다. 바로 생각에 관한 개념이다.

누구는 비가 멋지다고 생각한다. 다른 누구는 비 오는 것이 우울하다고 생각한다. 세상의 그 어떤 것도 우리가 의미를 부여하기 전에는 어떤 의미도 가지지 않는다. 일터에서 일어나는 일도 마찬가지다. 당신의 직원들은 종종 당신이 의미를 부여해 주기를 바란다.

이 새로 내려온 상부 명령이 정말로 어떤 의미가 있는 거지?

우리는 온당한 범위 안에서 우리가 원하는 대로 의미를 부여할 수 있다. 이 힘을 왜 사용하지 않는가?

당신의 직원들은 다른 사람들 때문에 화가 나는 것이 아니다. 그들 자신의 생각이 그들을 화나게 만든다. 당신의 직원들은 화나는 생각을 하지 않는 한 절대 화가 날 수 없다.

만약 당신의 상사가 아침에 복권에 당첨이 됐다면, 그날 어느 누가 그를 화나게 할 수 있을까? 아무도 없다. 그에게 어떤 말을 하든, 그는 신경도 쓰지 않을 것이다. 그는 그 일을 더 생각하지도 않을 것이다.

당신의 직원들은 그 사람에 대해 생각할 때에만 화가 날 수 있다. 그 사람이 어떤 말을 하고 어떤 행동을 했는지, 그것이 그들의 행복에 얼마나 위협이 되는지를 생각할 때에만 화가 날 수 있다. 만약 그들이 그것에 대해 생각을 하지 않는다면 어떻게 화가 날 수 있겠는가?

당신의 직원들은 그들이 원하는 무엇이든 생각할 자유가 있다. 그들에게는 완전한 생각의 자유가 있다.

마르쿠스 아우렐리우스는 이렇게 말했다.

"영혼은 그것이 가진 생각들의 색깔로 물든다."

사람들은 오직 의욕을 북돋우는 생각을 할 때에만 의욕이 넘치게 된다. 생각이 모든 것을 지배한다. 상황이 아니다. 당신이 이 진실과 더 가까워질수록 당신은 더 훌륭한 리더가 될 수 있다.

문제가 발생했을 때는 즉시 해결해야 한다

세상의 모든 문제는 당신에게 줄 선물을
양손에 들고 있기 마련이다.

― 리처드 바크(소설 '갈매기의 꿈'으로 유명한 미국 소설가) ―

문제들이 생기면 어떻게 하는가? 이 문제들을 빨리 해결하려면 어떻게 해야 할까?

문제해결의 첫 번째 단계는 문제를 포획하는 것이다.

그리고 문제를 꺼내서 종이에 받아 적는 것이다. 이제 적은 것을 당신이 볼 수 있는 어딘가에 붙이면 된다. 이렇게 하면 문제는 종이 위의 문장이 되어버린다. 이런 표현을 알 것이다.

"이것을 문서로 작성해서 문제를 줄일 수 있을까?"

여기서 키워드는 문서라고 생각하겠지만 사실은 '문제를 줄인다.'이다. 글로 쓰는 순간 당신의 문제는 즉시 줄어든다.

문제가 내 머릿속에서 떠다니는 동안에는 언제나 미완성된 일로 남아 있고 항상 지금 내가 하는 일을 방해한다.

내 머릿속에 이 문제가 들어 있고 그것이 해결되지 않은 상태라면, 나는 내 능력을 완전히 발휘할 수가 없다. 문제는 포획되지 않았고 종이 위에 적히지 않았다.

두 번째 단계는 그 문제를 재정의하는 것이다.

이것은 그럴듯한 새 단어로 문제를 꾸미려는 것이 아니다. 우리는 정말로 그것이 무엇이든지 간에 하나의 문제에서 한 프로젝트로 변화시키려고 한다.

'이제 내 앞에는 내가 해결할 프로젝트가 있다. 나는 프로젝트가 생겨서 정말 기쁘다. 프로젝트를 끝내는 일은 내 직업적인 자존감, 성취감, 만족감, 내적 자부심을 끌어내기 때문이다.'

사실 문제들은 우리에게 좋은 것이다.

특히 우리가 그것들을 문제라고 생각하지 않는다면 말이다. 그래서 우리는 '문제'라는 단어에서 부정적인 감정을 떼어내고 그것을 하나의 프로젝트로 재정의한다.

세 번째 단계는 도움을 구하기이다!

다른 말로 하면, 누군가를 찾아가라는 것이다. 만약 당신에게 코치가 있다면, 당신의 코치와 앉아서 이야기하면 된다. 당신이 종이에 적은 그 프로젝트를 꺼내서 코치나 멘토, 동료 앞에 놓고 그것을 함께 들여다보자.

코치나 컨설턴트, 또는 당신과 함께 이 일을 논할 누구라도 함께 있는 것이 좋은 이유는 그들은 당신의 프로젝트가 무엇이든지 그 일에 감정적인 짐을 더하지 않을 거라는 사실이다. 그 사람은 당신이 처한 이 상황과 아주 먼 거리를 유지할 것이다.

우리 인간은 문제를 푸는 일을 사랑한다.

사실, 해결하려는 문제가 우리의 삶에 있어서는 안 된다고 생각할 때 어려움이 생긴다. 당신 앞에 앉은 사람이 그 상황을 당신이 그러는 것과는 달리 감정적으로 반응하지 않으면, 그는 아주 많은 가능성들과 선택사항들을 볼 수 있다.

이제 우리는 네 번째 단계에 왔다. 문제 해결에서 가장 중요한 단계이다. 이 일은 당신이 언제나 꼭 해내고 싶어 하는 것이지만, 사람들이 정말로 하고 싶어 하지는 않는 문제해결 단계이다.

네 번째 단계는 프로젝트를 완성하라는 것이다.

정말로 생산적이고 많은 성과를 이루고, 성공적인 삶을 사는 비법의 마지막 퍼즐 조각 하나는 일을 완성하는 것의 가치를 보는 것이다.

온갖 미완성된 일들을 마음속에 품고 있는 것이 얼마나 에너지 소모가 많이 되는지 보라. 사실 미완성된 일들을 품고 다니는 것은 당신의 할 일 목록에 있는 모든 일들을 끝내는 것보다도 더 많은 에너지를 소모한다.

하루 날을 잡아 이렇게 해보자. 하고 싶은지 여부와는 상관없이 그냥 일을 해보자. 당신이 생각할 수 있는 모든 미완성된 일들을 하는 것이다. 그리고 그날 하루가 끝날 무렵 당신에게 얼마나 많은 에너지가 생겼는지를 보면 된다.

이것이 진짜 역설적인 사실이다.

당신이 무엇인가를 끝내면 삶의 활력, 명료한 이해, 살아가는 즐거움이 증가한다. 그 일들을 한다고 그것들이 줄어드는 것이 아니다.

운동경기가 끝났을 때를 보면 승리한 팀은 운동장 여기저기를 펄쩍펄쩍 뛰어다닌다. 그들은 그 에너지가 어디에서 나는 걸까? 그들은 방금, 오후 내내 전력을 다해 경기를 했었다. 그런데 지금 그들은 뛰어오르고, 서로를 끌어안고 점프하고, 원을 그리면서 돌고, 운동장 주위를 마구 뛰어다닌다.

이제 그들은 탈의실로 들어가서는 소리를 지르고 와! 하고 함성을 지른다. 그런 다음에는 밖으로 나가 밤새 파티를 한다. 경기장에서의 승리는 무언가를 완성한 느낌을 준다. 그들은 착수했던 일을 완성했다. 이제 미완성된 일은 여기에 없다.

이번에는 다른 편 팀을 살펴보자. 그들은 완전히 기진맥진해졌다. 탈의실까지 가려면 부축을 받아야 할 정도이다. 그들은 완전히 녹초가 되었고 집에 가서는 쓰러져 버린다. 그들이 녹초가 된 이유는 자신들의 일이 미완성된 느낌이 강하기 때문이다.

일을 미루는 사람들은 항상 그것들에 대해 걱정을 한다. 그들이 걱정하는 이유는 그 일을 다루려는 생각이 자신에게 많이 남아 있지 않다는 것을 알기 때문이다.

왜냐하면 마음은 미완성된 과제들이라는 기생충들에게 먹혀버렸기 때문이다.

따라서 문제해결의 마지막 단계는 확실히 일을 완성하는 것이다.

12

가장 큰 결과를 얻기 바라는 곳에 관심을 쏟아야 한다

스트레스는 스트레스를 낳는다.

− 한스 셀리에(심리학자) −

대부분의 리더는 사람들에게 동기 부여를 하는 한 방법으로 이중 부정을 한다. 그들은 먼저 직원들이 목표에 도달하지 못할지 모른다는 가능성을 보고 의도적으로 자신을 속상하게 만들고 속상함을 부정적 에너지 삼아 팀에 열의를 불어넣으려고 한다.

이건 효과가 없다. 팀의 목표를 이루는 일 때문에 스트레스를 받는 것은 직원들을 보살피는 것과는 다른 것이다. 스트레스를 받는 것은 동기 부여가 되는 유용한 형태가 아니다. 어떤 연주자도 긴장하거나 스트레스를 받을 때는 연주를 잘하지 못한다. 어떤 리더도, 어떤 세일즈맨도, 어떤 운동선수도 마찬가지다.

긴장하고 스트레스를 받는 사람은 자신의 기술과 지능의 아주 일부만 사용할 수 있다.

대부분의 사람들은 특정한 목표를 이루려는 과정에서 '애정 어린 관심'의 한 형태(혹은 그렇게 보이려고)로 스스로 스트레스를 받게 한다. 하지만 그것은 관심이 아니다. 그냥 스트레스를 받는 것뿐이다. 스트레스는 수행을 더 악화시킨다. 진정한 관심은 수행을 향상시킨다. 때문에 리더는 이 둘의 차이를 잘 이해할 필요가 있다. 이 둘의 차이보다 더 극명한 것은 없다.

애정 어린 관심은 여유를 주고 집중하게 한다. 그것은 당신이 가진 모든 자원들을 불러들인다. 그것은 여유로운 상태의 마법, 평온한 마음으로 완전히 몰입할 때 나오는 편안한 폭발적 에너지를 불러들인다. 어느 누구도 편안하게 집중할 때보다 더 나은 수행을 하지는 못한다.

유명한 창조성 교사 나탈리 골드버그는 이렇게 말한다.

"스트레스는 숨 쉬는 것을 잊는 것입니다. 스트레스는 무지한 상태입니다. 스트레스는 모든 상황이 비상사태라고 믿습니다. 하지만 어떤 것도 그렇게 중요한 것은 없습니다. 그저 가만히 누우세요."

단지 집중하고, 집중상태를 유지하기 위해 스트레스를 받을 필요는 없다. 당신이 집중하는 것은 무엇이든 팽창할 것이다. 아무 데에나 관심을 집중하는 일을 제발 그만두고, 당신이 가장 큰 결과를 얻기 바라는 곳에 관심을 쏟아야 한다. 편안하고 행복한 방법으로 전념하고, 평온한 마음으로 강력한 힘을 발휘할 때 당신은 성공하게 될 것이다.

| 13 |

리더십 방식의 변화는
그 과정을 신뢰해야 한다

건설적 비판이란 것은 없다.

− 데일 카네기 −

진은 우리가 경영 코치를 하던 큰 병원의 한 행정관이었다. 그녀는 우리의 코치 작업을 환영했지만 자신의 리더십에 관한 절박한 질문을 가지고 있었다.

"우리는 너무 자주 바뀌는 제각각의 상사들에게 보고를 해야만 했어요."

진이 말했다.

"마치 특정 CEO에 적응할 만하면 병원이 새로운 사람을 들이는 것 같아요."

"그래서 정확히 문제가 뭔가요?"

우리가 물었다.

"음. 지난 수년간 상부 경영진의 리더십 방식에 너무 많은 변화가 있었는데요."

진이 물었다.

"어떻게 그 과정을 신뢰할 수 있을까요?"

"그 과정을 신뢰함으로써요. 신뢰는 검증과는 다른 것이에요. 신뢰는 위험을 감수합니다. 또한 리더십의 변화가 반드시 좋거나 나쁜 것은 아니에요. 문제는 당신이 그 변화에 맞춰 일하고 사는 방법을 자신에게 가르칠 수 있는가 하는 것이에요. 변화가 너무 큰가 아닌가의 문제가 아닙니다. 당신이 그 변화를 어떻게 활용할 것인가의 문제지요."

"만약 우리가 지금의 상부의 리더십을 좋아하지 않는다면요?"

그녀가 물었다.

"왜 좋아하지 않는 거죠?"

"우리는 그들에게서 엇갈리는 메시지를 받고 있어요!"

진이 말했다.

"상부로부터 엇갈리는 메시지를 받을 때, 어떻게 우리가 주체적으로 행동할 수 있겠어요?"

"우리가 코치를 했던 모든 큰 조직들은 정도가 다양하지만 그런 '엇갈린 메시지' 문제에 직면하고 있었어요. 통일되지 않고 엇갈린 메시지가 내려오는 것은 사람들은 인간일 뿐이고 열의가 넘치고 창의적인 사람들이 의견을 하나로 조정해야 하기 때문에 일어납니다."

"동의해요."

진이 말했다.

"하지만 그건 도전이 되는 문제지요."

"그것은 반드시 대처해야 할 도전입니다. 그것을 패배와 절망감의 원천이 되게 할 필요는 없습니다. 그것은 도전이에요. 우리가 목격한 바로는 '하위 부서에서' 통일성을 요구하는 방법이 더 호의적이고 창의적일 때 '상부에서 내려오는 메시지'가 더 일관성 있고 통일되는 경우가 많아요."

"그러니까 제가 그들을 더 잘 관리해야 한다는 말이군요."

진이 말했다.

"바로 그거예요."

"'호의적'이고 '창의적'이라는 키워드를 가지고요."

"그게 키워드지요."

| 14 |

진정한 리더는
사람들을 현재에서 미래로 이끈다

현명한 리더나 큰 성공을 이루는 사람은
문제들을 완전히 제거할 수 없다는 것을 잘 안다.
또한 그것을 원하지도 않는다.

– 데일 도튼 –

왜 그렇게 많은 리더들은 전부 무능한 리더일까?

왜냐하면 그들은 불을 끄는 소방관이기 때문이다. 당신이 소방관이 되면 당신은 더 이상 리드하지 못한다. 당신은 당신의 팀이 어디로 가야 할지 결정할 수 없다.

불이 당신을 대신해 결정한다.(여기서 불이란 확 타오르는 당면 문제로 당신의 시간과 관심을 모조리 빼앗는다.)

불이 당신의 삶을 지배한다. 당신은 자신이 불을 통제하고 있다고 생각하지만 사실은 불이 당신을 통제하고 있다. 당신은 다른 기회를 알아차리지 못하게 된다. 당신은 다른 가능성들에 눈이 멀게 된다. 왜냐하면 당신은 불에 휩싸여 있고, 불을 끄는 일이 당신의 정체성이 되었기 때문이다.

동기 부여를 하지 못하는 리더는 불을 다 진압한 후에도 다시 소방차에 올라타 회사 어딘가의 또 다른 화재를 찾아 떠날 것이다. 조만간 그가 아는 것은 불밖에 없게 된다. 그가 할 줄 아는 것은 불을 끄는 일뿐이다. 심지어 진짜 불이 나지 않았을 때에도 그는 다른 무언가를 불이라고 재정의해 버릴 것이다. 왜냐하면 그는 불과 싸우는 소방관이고, 늘 일하고 싶어 하기 때문이다.

훌륭한 리더는 일주일 24시간을 불과 씨름하지 않는다. 진정한 리더는 사람들을 현재에서 미래로 이끈다. 불에 관심을 가지는 유일한 경우는 그것이 미래의 목표를 가로막고 있을 때뿐이다. 때로 리더는 불을 끌 필요조차도 없다. 때로 그는 불 주위를 돌아서(혹은 위로 뛰어 넘어) 원하는 미래에 다다르는 길을 택한다.

반면 불과 싸우는 소방관은 모든 일을 멈추고 모든 화재를 진압하려고 한다. 그것이 무의식적인 리더(불이 활동을 좌우하게 하는)와 의식적인 리더(원하는 목표가 활동을 좌우하게 하는)의 기본적인 차이이다.

| 15 |

영웅처럼 생각하고 예술가처럼 일해야 한다

사람은 관리 대상이 아니다.
재고목록은 관리할 수 있지만 사람은 이끌어져야 한다.

— H. 로스 페로 —

여기 흔히 하는 질문이 있다. 리더십은 타고나는 것일까? 어떤 사람들은 타고난 리더라고 불리지 않는가?

그렇다. 이것은 잘못된 믿음이다. 리더십은 기술이다. 정원손질이나 체스, 컴퓨터게임을 하는 것과 다르지 않다. 리더십은 배울 수 있는 것이다. 또한 배움에 대한 헌신만 있다면 나이와는 상관없이 배울 수 있다. 회사들은 회사의 팀장이나 책임자들을 리더로 변하게 만들 수 있다.

회사들이 모든 책임자들을 리더로 변하게 할 수 있다면 왜 모든 회사가 그렇게 하지 않는 걸까?

그들은 리더의 모습이 어떤 것인지를 알지 못한다. 그들 대부분이 그렇다. 그들은 리더십에 관한 책을 읽지도 않고 리더십 세미나도 갖지 않는다. 따라서 그들은 리더십을 정의할 수 없다. 무언가를 정의내릴 수 없을 때 그것을 격려하고 육성하기란 불가능하다.

이에 대한 해결책은 늘 훌륭한 리더의 모습을 떠올리는 것이다. 사람들은 이상적인 리더상을 그리지 못하는 사람들에게서는 동기를 부여받지 못한다. 상상도 하지 못한다!

데일 도튼은 비즈니스 경영에 관한 혁신적이고 강력한 책 '행복한 비즈니스 전사들'에서 한 신조에 따라 살아가는 리더의 모습을 제시한다. 그 신조는 다음과 같다.

"영웅처럼 생각하고(오늘은 누구를 도와줄 수 있을까?), 예술가처럼 일하고(또 어떤 것을 해볼까?), 평범함을 거부하고(탁월함을 추구하고 끝장나게 잘하라.), 성공을 축하하라.(하지만 공을 내 것으로 돌리지는 마라.)"

이 신조를 끊임없이 떠올린다면 훌륭한 리더가 될 수 있을 것이다.

| 16 |
사람들의 감정을 통제하지 말아야 한다

약속을 하는 일에 오래 걸리는 사람들은
그 약속을 이행하는데 가장 충실한 사람들이다.

― 장 자크 루소 ―

"여기에 다루기 힘든 사람들과 같이 일하는 분들이 계신가요?"

스티브 챈들러는 리더십 세미나를 시작하면서 이 질문을 던졌다.

강의실을 매운 사람들은 미소를 지으며 고개를 끄덕였다. 어떤 사람들은 눈알을 위로 굴리며 잘 안다는 표정을 지었다. 그들은 그런 사람들을 관리하려고 했던 경험이 아주 많은 것이 분명했다.

"당신은 그럴 때 어떻게 하나요?"

한 사람이 소리쳤다.

"당신은 다루기 힘든 사람들을 어떻게 관리하나요?"

"저도 몰라요."

스티브가 말했다.

"모른다니 무슨 뜻이죠?

우리는 여기에 그것을 어떻게 하는지 배우러 온 것인데요."

다른 누군가가 소리쳤다.

"나는 그게 가능했던 걸 본 적이 없어요."

스티브가 말했다.

"왜냐하면 나는 결국 모든 사람들이 꽤 다루기 힘든 사람들이라고 생각하거든요. 나는 사람들을 통제하는 것을 잘하는 사람을 본 적이 없어요."

"그게 불가능하다면 왜 사람들을 관리하는 법에 관한 세미나를 여는 거죠?"

"그러게요. 그게 가능한가요? 당신은 실제로 직원들을 관리할 수 있나요? 당신은 당신의 배우자를 통제할 수 있나요? 당신은 그것을 할 수 있나요? 나는 불가능하다고 생각해요."

"그럼 수업은 끝난 건가요?"

"아뇨. 물론 아닙니다. 우리는 모두 남아서 훌륭한 리더들이 어떻게 사람들에게서 훌륭한 결과를 이끌어내는지를 배울 수 있으니까요. 하지만 그들은 사람들을 관리하는 방법으로 그렇게 하는 것이 아닙니다. 왜냐하면 기본적으로 사람을 관리하는 것은 불가능하니까요."

"그들이 사람들을 관리하지 않는다면 그럼 그들은 무엇을 하는 거죠?"

"그들은 합의안을 관리합니다."

리더는 직원들을 관리하려는 시도를 할 때 실수를 저지른다. 그들은 더 나은 소통과 이해를 위해서가 아니라 반대의견을 억누르고 호감을 사려고 가장 화난 직원들을 '돌보려고' 한다. 결국 그들은 아마추어 심리치료사 노릇을 하면서 많은 시간낭비를 한다. 또한 이것은 직원들이 상사와의 관계에서 미성숙한 역할을 맡도록 만든다. 즉 두 성인 사이의 대등한 관계가 아니라 상사로부터 다시 부모의 양육을 받는 것 같은 관계가 되게 한다.

리더의 첫 번째 의무는 직원들과의 관계가 반드시 성숙한 관계가 되도록 하는 것이다.

진정한 리더는 온종일 사람들의 감정과 성격을 통제하려고 애쓰고 아마추어 심리치료사 역할을 하면서 뛰어다니지 않는다.

진정한 리더는 자애롭고 늘 다른 사람의 감정을 이해하려고 하지만 사람들의 감정을 통제하려 하지는 않는다. 대신 그는 합의안을 관리한다.

리더는 팀원들과 합의안을 만들고 성인 대 성인으로서 그러한 합의를 이룬다. 모든 의사소통은 서로를 존중하면서 이루어진다. 리더는 두목행세를 하거나 겁을 주고, 다 아는 척하려는 유혹에는 절대 굴복하지 않는다.

일단 성인 대 성인 간의 합의가 만들어지면 더 이상 사람들을 통제하거나 관리할 필요는 없어진다. 관리할 것은 합의안이다. 이런 방식은 서로를 존중하는 더 성숙된 방식이다. 두 측은 더 신뢰할 수 있는 열린 의사소통을 즐긴다. 또한 두 측 모두 더 많은 책임감을 가지게 된다.

사람이 아니라 합의안을 관리하는 일은 의사소통에 가장 큰 도움을 준다. 그것은 의사소통이 더 솔직하고 숨김없고 완전한 소통이 되도록 만든다. 합의안을 지키려는 헌신은 기본적으로 함께 일하는 두 명의 프로페셔널한 성인이 되려는 헌신이다. 이것은 '나는 네 아빠야. 부모야. 나는 너에게 화가 났어. 나는 너에게 실망했어.'라고 말하는 부모 자식과의 관계와는 정반대되는 것이다. 이런 종류의 접근은 매니지먼트가 아니다. 그것은 리더십이 아니다. 이런 종류의 접근은 아마 열에 아홉의 리더가 하는 방식으로 반사적인 반응에 불과하다. 사람을 통제하려는 본능적인 부모, 자식 간의 접근일 뿐이다.

부모 같은 상사의 문제점은 직원들이 그 관계에서 존중받지 못한다고 느낀다는 것이다. 탁월한 수행을 가능하게 하는 가장 중요하고 가장 강력한 전제조건은 신뢰와 존중이다.

| 17 |

활동이 아닌 결과를 관리해야 한다

리더는 꿈이 없고, 감동이 없고,
비전이 없는 조직을 변화시킬 수 있어야 한다.
누군가는 자명종을 울려야만 한다.

− 워렌 베니스 −

어느 날 우리 코치 팀에게 샌프란시스코에 사는 프랭크라는 사람이 전화를 했다.

"직원들에게 '그냥 행동을 해요.(just do it.)'라는 메시지를 전달하는 방법에 대한 조언이 필요해요."

프랭크가 말했다.

"나는 가능한 모든 방법으로 직원들에게 그 메시지를 전했지만 이제는 내가 고장 난 레코드가 된 것만 같아요. 왜 당신에게 전화를 했는지 모르겠어요. 아마도 읽을 만한 책을 골라주거나 좋은 조언을 해줄 거라고 생각했어요."

"구체적으로 뭐가 문제죠?"

"내가 관리하는 영업 팀 사람들 절반은 전혀 성과가 없는 사람들이에요!"

그가 말했다.

"나는 그들에게 계속 말해요……. 세일즈는 마법이 아니다……. 행동을 개시하는 것이 필요하다……. 그리고 계약을 성사시켜야 한다……."

"나는 이렇게 말했어요. '그냥 행동해요. 소개를 부탁하고, 60통에서 75통의 전화를 돌려요. 매주 적어도 8~10명의 잠재고객을 방문해요. 그리고 얼마나 실적이 많이 올라가는지 직접 확인해 봐요.'"

"여기서 빠진 것이 뭐죠?"

우리가 그에게 물었다.

"당신의 그림에서 뭐가 잘못되었나요? 왜 그들은 실적을 올리는 일들을 하러 나가지 않는 걸까요?"

"내가 전화한 이유가 바로 그거에요. 뭐가 잘못된 건지 알기만 했다면 나는 전화를 하지도 않았겠죠."

"실적이 없는 사람들의 공식에서 없는 것은 '그냥 행동하기'가 아니에요. 우리는 늘 그게 문제라고 생각하지만요. 정말 부족한 것은 그보다 더 심각한 사항이에요. 정말로 없는 것은 '원하는 마음'이에요."

"오. 그들은 모두 원한다고 말하는 걸요. 그들은 커미션을 원하고 성공을 원해요."

"그들은 원하지 않아요. 그랬다면 가졌을 겁니다."

"그럼 당신은 사람들이 자신이 원하는 것을 다 얻는다고 생각하나요?"

"네. 실제로 사람들은 원하는 것을 얻어요."

"정말로요? 난 잘 모르겠는데요."

"그건 우리 인간의 본성이에요. 우리는 원하는 것을 얻을 방법을 알아요. 우리는 생물학적으로 그렇게 하도록 설계된 동물이에요."

우리는 더 많은 이야기를 나누었다. 프랭크가 깨달아야 하는 사실이 있었다.

프랭크의 영업 팀에서 실적이 낮은 직원들은 성과를 내는 것을 원하지 않기 때문에 낮은 실적을 낸다는 사실이었다. 직원을 관리하는 상사라면 반드시 이 사실을 이해해야만 한다. 성과를 내지 못하는 사람도 이 사실을 알아야만 한다.

성과가 없는 사람들은 세일즈에서 성공하려는 목표로 이 일을 하고 있는 것이 아니다. 만약 그랬다면 그들은 높은 성과를 냈을 것이다. 그들은 좋은 결과를 내는 것을 목표로 한다고 말하지만 실은 그렇지 않다. 그들은 다른 이유 때문에 세일즈를 하고 있다.

아마도 그들은 돈이 필요하다고 생각을 하고, 그 때문에 이곳에 있어야만 한다고 생각할 것이다.

하지만 그들은 '해야 한다.' 말에서 지적인 힘이나 동기 부여 효과를 얻지는 못한다. '해야 한다.'는 강요는 그들을 실패에 이르는 함정에 빠뜨린다. 그 말은 그들이 아직 어린아이들이고 다른 사람들의 기대를 충족시키려고 노력한다는 것을 암시한다. 그것에는 어떤 힘도 없다. 집중력도 없다. 영향력도 없다.

해야 한다고 생각하는 일을 온종일 하는 세일즈맨들은 상사를 자신의 부모로 전환시킨다. 그들은 어린아이로 퇴행해서 징징대고 불평을 한다.

심지어 당신이 그들 행동의 세세한 점까지 통제하려고 해도, 그들은 여전히 그 일을 건성으로 하면서 다른 멘토나 동료들로부터 새로운 '방법'을 찾는 헛수고를 한다.

프랭크는 이 상황의 문제점을 분명히 바라보기 시작했지만 여전히 무엇을 해야 할지 몰랐다. 프랭크는 방법(how-to)이 아니라 원함(want-to)을 관리할 필요가 있었다. 프랭크는 결과중심경영 속성 코스를 받아야 했다. 왜냐하면 그는 대부분의 사람들처럼 과정중심경영의 세계에 갇혀 있었기 때문이다. 리더십의 진정한 즐거움은 오직 결과를 얻을 때에만 맛볼 수 있다.

"내가 세일즈 매니저로서 무엇을 해야 하는지 말해주세요."

프랭크는 이 개념 전체를 확실히 이해하고 나자 이렇게 말했다.

"일단 성과가 없는 직원들과 일 대 일 대화를 나누면서 그 직원의 세일즈 목표(계획, 할당량, 실적)를 당신 앞에 펼치고 나면……."

우리가 말했다.

"당신은 왜(why)를 이끌어내고 육성하는 일이 필요합니다. 당신은 왜 이것을 하려고 하나요? 이 일이 당신에게 어떤 것을 해주나요? 당신에게 또 어떤 것을 주나요? 또 어떤 것을? 이 목표에 분명히 이르게 해주는 활동들이 있다고 하면, 그 활동들을 할 건가요? 못 한다면 왜 그런가요? 목표를 성취할 때까지 이 그 활동들을 하겠다고 당신 자신과 내게 약속하나요? 왜요? 또는 왜 못 하죠?"

만약 당신이 프랭크와 같은 상사라면, 당신의 직원들은 자신이 원한다고 말하는 것을 실제로는 원하지 않는 사람들이며 심지어 그들조차도 그것을 깨닫지 못하고 있다는 사실을 염두에 두어야 한다.

결핍된 것은 테크닉이나 노하우가 아니다.

장기적인 관점에서 성공적인 경영을 위한 진짜 비법은 성공을 원하는 사람들을 채용하는 것이다. 일단 당신이 그 어려운 기술을 마스터하고 나면 당신의 비즈니스는 늘 성공하게 될 것이다. 하지만 우리는 채용과정에서 게으름을 피우고 온갖 잘못된 내용에 귀를 기울인다.

우리는 왜 그렇게 하는 걸까? 우리는 왜 채용과정에서 지원자들의 치명적인 열망의 부재를 알아채지 못할까? 이것이 그 이유이다.

우리가 고용하는 사람들은 그 직업을 얻는 일에 한해 정말로 큰 '원함'을 가지고 있다. 그들은 정말로 그 일을 원한다. 하지만 그것은 그 일에서 성공하기를 원하는 것과는 확연히 다르다.

이것들은 완전히 다른 두 가지 목표이다. 그래서 우리는 인터뷰 과정을 대충 진행하면서 지원자들의 이야기를 건성으로 듣고 직업을 얻으려는 불타는 열망을 성공에 대한 불타는 열망으로 착각한다. 그것은 완전히 다른 것이다.

지금까지 우리가 코치했던 최고의 리더들은 항상 경쟁자들보다 채용과정에 더 많은 시간과 노력을 기울였다. 그들은 일단 야망을 가진 사람들을 채용하고 나면 그 직원들의 개인적 목표를 기초로 그들을 관리했다.

세일즈 매니저가 영업사원들의 구체적인 사적인 목표와 판촉전화 활동을 연관시킬 수 있다면 판촉전화 활동은 훨씬 더 의미 있는 것이 된다. 이런 매니저들은 직원들이 하는 활동을 관리하는 것이 아니라 결과를 관리하면서 하루를 보낸다.

그들은 언제나 직원들의 활동이 아니라 결과물에 긍정적인 강화(Positive Reinforcement)를 준다.

| 18 |

결과에 대해
책임을 지게 해야 한다

헌신하지 않는다면 오로지 약속과 희망만이 있을 뿐……,
행동은 이루어지지 않는다.

− 피터 드러커 −

성과를 내지 못하는 직원들은 일종의 모순상태에 있다. 그들은 목표를 성취하고 싶어 하지만 그들의 행동은 그렇지 않다. 그들 자신은 이것을 알지 못하지만 당신, 상사의 눈에는 다 보이고 따라서 당신은 미칠 지경이다. 당신이 그들에게 항상 하는 말이 있다.

"당신의 성공을 당신보다 내가 더 원하는 것 같네요."

그럼 그들은 눈물이 글썽해지면서 아니라고 항변한다. 그럼 당신은 자애로운 보스로서 그들의 말을 믿는다! 그렇게 당신은 그들에게 또 한 번 증명할 새로운 기회를 준다. 당신은 높은 성과를 내는 사람들과 보냈으면 더 유용했을 시간을 성과 없는 직원들을 위해 온갖 영웅적인 행동들을 하면서 낭비한다.

항상 기억해야 한다.

많은 성과를 내는 직원을 돕는 데 시간을 쓰는 것이 성과를 내지 못하는 직원에 시간을 투자하는 것보다 팀 전체의 성적에 더 도움이 된다는 것을.

우리가 발견한 어떤 연구결과에 따르면 상사들은 실적이 낮은 사람들의 실적을 올리는 데 그들 시간의 70퍼센트 이상을 쓴다고 한다. 실적이 높은 사람들이 이직을 하려고 회사를 그만둘 때 대부분의 경우는 회사에서 충분한 관심을 받지 못했기 때문이다. 그들은 자신이 회사에서 충분한 인정을 받지 못하고 자신의 위치에서 빨리 성장할 수 없다고 느꼈다.

만약 당신이 일주일에 10개의 머핀을 파는 유능한 직원에게 15개를 파는 방법을 배우게 한다면 당신은 그를 이전보다 150퍼센트 향상시키고 게다가 팀 전체의 실적에 5개의 머핀을 더하게 된다.

반대로 당신이 그만큼의 시간을 무능한 직원에게 투자해서 그를 150퍼센트 향상시킬 경우 그의 실적은 머핀 2개에서 3개로 올라갈 것이고 팀 전체 성적에는 단지 한 개의 머핀만을(5개가 아니라) 더하게 될 것이다.

리더들은 단순화하고, 단순화하고, 또 단순화할 필요가 있다. 그들이 보통 하는 일들―일을 복잡하게 만들고 멀티태스킹(multitasking: 동시에 여러 가지 일을 하는 것―옮긴이)을 하는 것―을 할 필요는 없다.

실적이 낮은 직원들의 경우 성과와 결과에만 집중하면서 그들과의 관계를 가능한 단순화해야 한다. 당신이 줄 수 있는 특별한 대우를 원하는 유능한 사람들과 더 많은 시간을 보내야 한다.

실적이 낮은 사람들은 당신에게서 배울 큰 교훈이 있다. 그들은 자신의 실적이 구체적인 목표를 달성하려는 자신의 열망(혹은 열망의 부재)의 직접적인 결과라는 사실을 매일 배울 수 있다.

사람들은 자신이 원하는 것을 얻을 방법들을 알아낸다. 실적이 낮은 대부분의 사람들은 직업을 잃지 않기를 원한다.(실직할 경우에 듣게 될 배우자의 비난 때문에, 실직할 경우에 느낄 사적인 창피함이 두려워서 등등).

그래서 그들이 하는 일들은 모두 한 달, 또 한 달 회사에서 해고당하지 않는 것을 목표로 한다. 만약 그들이 최소한의 판매실적을 올릴 수 있고 그래도 여전히 쫓겨나지 않는다면 그들은 자신이 원하는 것을 얻고 있는 것이다. 사람들은 자신이 원하는 것을 얻는다.

따라서 리더의 중대한 임무는 일터의 모든 일상적인 노력들을 구체적 목표를 성취하는 방향으로 향하게 하는 것이다. 직원들이 어떤 구체적 목표를 달성해야 한다고 생각한다면 그들은 그 목표를 달성할 것이다. 테크닉은 절대 문제가 되지 않는다. 기술은 절대 문제되지 않는다. 그들은 그것들을 찾아낼 것이다. 그들은 목표를 성취할 때까지 모든 테크닉들을 시도해볼 것이다. 왜 그런지 실적이 낮은 사람들은 특정한 활동을 많이 하는 것과 목표를 달성하는 일에는 직접적으로 인과관계가 없다고 자신을 납득시킨다.

리더들은 무능한 직원들이 자가 진단하는 문제들을 그대로 믿어버리는 실수를 저지른다. 리더들은 자신의 일에는 어떤 원인과 결과도 없다고 모든 사람들을 설득시키려는 그들의 끝없는 투쟁을 믿어버린다.

리더십을 성공으로 이끌 진짜 기회는 직원들이 결과에 대해 스스로 책임을 지는 일을 절대적으로 존중하도록 만드는 일에 있다. 자유경제 시장에서 판매를 하는 모든 사람들은 자신의 재정적 상황에 100퍼센트 책임이 있다. 모든 세일즈맨은 자신의 행동들에 책임이 있는 만큼 결과에도 책임이 있다.

실적이 낮은 직원들은 늘 당신에게 자신이 무엇을 했는지, 자신이 한 모든 활동들을 말하려고 할 것이다. 그들이 원하지 않는 것은 결과에 책임을 지는 것이다.

훌륭한 세일즈 경영은 활동중심경영이 아니라 결과중심경영이다. 그러나 대부분의 세일즈 매니저들은 온종일 직원들의 활동만을 관리하느라 정신이 없다.

왜 그럴까? 왜냐하면 세일즈 매니저들은 정말로 그런 활동들을 쉬지 않고 한다면 반드시 결과를 얻게 된다는 사실을 알기 때문이다. 그래서 그들은 직원들의 활동들을 관리한다. 하지만 그들은 변해야 한다. 그들은 결과를 관리해야 한다. 그들은 직원들에게 그들의 결과에 대해 책임을 지게 해야 한다.

리더가 직원들이 얼마나 열심히 노력했는지에 넘어가는 순간 그는 원인과 결과의 고리를 끊어버리게 된다.

테크닉은 나중에 논의하자. 먼저 결과에 대한 헌신을 명확히 한 뒤에 해도 늦지 않다.

실적이 낮은 사람들은 마음 깊은 곳에서 그 결과를 얻는 것을 원하지 않는다. 그들을 이해하느라 미쳐버리지 않으려면 당신은 이 사실을 이해해야만 한다. 그들은 그 결과를 원하지 않는다. 그들은 직장을 잃지 않기를 원한다. 그들은 당신의 인정을 원한다. 그들은 '정말 노력하는 것'처럼 보이기를 원한다. 하지만 마음 깊은 곳에서 그들은 그 결과를 원하는 것은 아니다. 이것은 그렇게 간단하다.

진짜 탁월한 리더는 유능한 직원들이 머핀 10개에서 15개를 팔수 있도록 돕는 데 대부분의 시간을 사용한다.

그들은 즐겁다. 그들은 창의적이다. 그들은 유능한 사람들의 기술과 열정을 최고로 끌어 올린다. 그들의 팀은 끊임없이 다른 팀을 능가한다. 왜 그럴까? 왜냐하면 다른 팀의 리더들은 실적이 저조한 사람들의 말에 최면이 걸렸기 때문이다.

단순화하되 결과에 집중해야 한다.

당신은 언제나 자신이 집중하는 것을 얻게 될 것이다. 만약 당신이 단순히 직원들의 활동들에 집중한다면 당신은 바로 그것을 얻게 될 것이다……. 엄청나게 많은 활동들을 말이다. 하지만 당신이 결과에 집중한다면 당신은 바로 그것을 얻게 될 것이다. 엄청나게 많은 성과들을 말이다.

| 19 |

게임의 동기 부여 요소들을 일터로 가져와야 한다

어떤 사람들은 삶을 전투라고 생각하지만,
사실 삶은 주고받는 게임이다.

– 플로렌스 스코빌 쉰(철학자이자 작가) –

이 문장을 보고 머릿속에 처음 떠오른 단어로 빈칸을 채워 완성하라.

"삶은 ○○이다."

어떤 말이 처음 떠오르든 당신은 확신할 수 있을 것이다. 정확히 그것이 당신의 눈에 비친 삶의 모습이라는 것을.

당신의 답은 무엇인가? 설문조사에서 중간급 간부들의 가장 흔한 대답은 "삶은 전투이다."였다.

하지만 최고 중역들의 가장 흔한 대답은 "삶은 게임이다."였다.

당신에게 선택권이 있다면 당신은 어떤 버전의 삶을 선택하겠는가?

리더로서 사람들에게 가능한 많은 영감을 주고 싶다면, 당신에게 삶은 게임이라는 것을 그들에게 보여주면 된다. 어떤 일을 게임으로 만드는 요인은 뭘까? 우선 우리가 이기고 있는지 지고 있는지를 알려줄 점수를 매길 방법이 있어야 한다. 그러면서도 결과는 전혀 중요하지 않아야 한다. 그러면 게임은 순수하게 재미있는 일이 된다. 따라서 그 게임에 온갖 종류의 상이 결합된다고 해도 게임은 그저 그것을 하는 순수한 재미 때문에 하는 것이 되어야만 한다.

오랜 친구이자 멘토인 척 쿠라트는 경영 컨설턴트이자 베스트셀러 '2등 사원은 항상 일만 한다'의 저자이다. 그는 일을 게임으로 만드는 한 시스템 전체를 개발해냈다. 척은 처음 식료품 비즈니스를 시작할 때를 떠올렸다. 당시 그는 창고의 냉동음식담당구역의 사장들이 직원들을 돌보기 위해 비상한 노력을 하고 있는 것을 볼 수 있었다. 그들은 직원들에게 매 시간마다 몸을 덥히도록 휴식시간을 주었고, 특별 수당도 주었다. 하지만 사장이 무엇을 해주든지 간에 근로자들은 오싹한 추위에 대해 몹시 불평했다.

"하지만 그 똑같은 일꾼들을 데리고 가서 손에 사냥총을 들려준다면."

척이 말했다.

"그럼 당신은 그들을 그 창고보다 훨씬 더 추운 날씨의 숲속으로도 들여보낼 수 있습니다. 게다가 그들은 그것을 재미있다고 할 겁니다! 그럼 당신은 그들에게 단 한 푼도 줄 필요가 없지요. 사실 그들은 본인들이 돈을 지불하려고 할 겁니다!"

척 쿤라트는 한 공장제작회사를 방문했었다. 그들이 대화를 나누던 중 그 공장 감독은 척에게 '요즘 사람들이란…….' 하고 연설을 늘어놓기 시작했다.

"요즘 사람들은 조심성이 없어요.", "요즘 사람들은 일을 하려고 하지 않아요.", "요즘 사람들은 당신과 내가 소중히 했던 가치들을 몰라요."

"그가 이야기를 하는 동안 우리는 9미터 높이의 관리사무소에서 공장 1층을 내려다보고 있었어요."

척은 이렇게 회상했다.

"그는 아래에서 건물 측면작업을 하는 8명의 남자들을 가리키면서 이렇게 말했어요. '당신과 당신네 프로그램은 저것을 보고 무엇을 할 수 있나요?'"

척은 그들의 작업속도를 보았고 그것이 마치 '축축한 시멘트 위에서 기어가는 관절염 걸린 달팽이들이라는 비유가 가장 적절할' 정도였다고 말했다.

"이 남자들은 후진 기어를 넣고 뒤로 걸어가고 있는 것처럼 보였어요! 그 공장 감독이 내게 물어본 문제는 내가 답해줄 수 없는 것이었어요. 나는 정말로 뭐라고 말해야 할지 몰랐어요."

그러다 놀라운 일이 일어났다. 점심시간이 된 것이다. 점심시간을 알리는 벨소리가 울리자마자 이 8명의 일꾼들은 마치 전기에 감전된 듯 망치를 떨어뜨렸고 마치 소몰이 막대로 찔린 것처럼 전력질주해서 달렸다. 그들은 공장 안을 90미터 달려서 농구코트로 갔다. 그들 중 네 명은

웃통을 벗었다.

동기 부여가 만든 변신은 놀라웠다! 척은 정확히 42분 동안 그 게임에 매료된 채 넋을 놓고 구경했다. 모두 농구코트 위 자신의 임무를 알고 있었고 코트 안에서 자신이 할 일을 했다. 그들은 에너지가 넘쳤고 몰입했으며 열정을 가지고 팀을 도왔다. 이 모든 것들이 어떤 관리나 통제도 없이 이루어졌다. 그들은 자신이 속해 있는 팀에 기여하는 방법을 알고 있었고, 그들은 그것을 즐겼다.

12시 42분에 게임이 중단되었고 그들은 점심도시락과 음료를 들고 작업장으로 다시 걸어갔다. 오후 1시. 그들은 다시 젖은 시멘트 위의 관절염 걸린 달팽이들로 돌아갔다.

척은 공장 감독에게 몸을 돌려 이렇게 말했다.

"인재문제는 아닌 것 같네요. 이 사람들의 동기 부여에는 전혀 문제가 없어요."

바로 그날 척은 농구코트에서 본 에너지와 열정, 몰입의 힘을 공장의 일터로 옮기는 것이 가능한지 알아보는 탐구를 시작했다. 그 일의 성공은 비즈니스 세계 전체에 전설이 되었다.

"게임의 동기 부여 요소들을 확인하고 그것들을 그대로 일터로 가져오는 것이지요."

척이 말한다.

"게임이 주는 동기 부여 요소에는 피드백, 점수 매기기, 목표설정, 지속적인 코치, 개인적 선택이 포함됩니다."

| 20 |
우리의 뇌는
한 번에 한 가지 생각만을 한다

전혀 할 필요가 없는 일을
능률적으로 하는 것처럼 쓸모없는 짓은 없다.

― 피터 드러커 ―

사람들과 대화할 시간이 없다면 그들에게 동기를 부여하는 일은 거의 불가능하다. 목이 잘린 닭처럼 이리저리 정신없이 뛰어다니면서 머리를 찾을 시간도 없는 리더를 보는 것만큼 맥 빠지는 광경은 없다.

자신이 이끄는 팀이 기대에 미치지 못하는 성과를 보이는 리더는 그저 온종일 효과 없는 일을 하고 있는 것이다. 무엇을 해야 옳은지를 멈춰서 결정하기보다 그는 잘못된 일을 점점 더 빨리하면서 '업무량' 때문에 더 스트레스를 받는다.

기업 시간관리 전문가 데이비드 앨런은 바쁜 리더들에게 이렇게 말한다. "당신에게 주어지는 일은 당신이 최대한 할 수 있는 것보다 더 많아요.

그러니 당신은 그저 자신이 하는 선택들에 만족하는 것이 필요합니다."

멀티태스킹(multitasking: 동시에 여러 가지 일을 하는 것)은 현대 비즈니스 세계의 가장 잘못된 믿음이다. 뇌의 생각하는 부분은 아예 멀티태스킹을 하지 못한다. 따라서 사람들은 진짜로 멀티태스킹을 하는 것이 아니다. 인간의 시스템은 그런 식으로 만들어지지 않았다. 그 시스템은 한 번에 한 가지 생각만을 한다.

리더들은 종종 자신이 멀티태스킹을 하고 있다고 생각한다. 하지만 그들이 진짜 하고 있는 것은 한 가지 일을 대충하고 재빨리 다른 것으로 넘어가 그것도 대충 빨리 하는 것이다. 곧 그들은 자신이 건드렸지만 미완성으로 남겨둔 모든 일들의 생각에 사로잡힌다.

비즈니스 효율성전문가 케리 글리슨은 이렇게 지적했다.

"해야 할 모든 일들에 대한 생각들에 계속 사로잡히는 비생산적인 행동은 우리의 시간과 에너지를 가장 많이 소모하는 일이다."

우리가 하고 있는 일이 아니라 미완성인 채 남겨둔 일들 말이다.

사람들을 리드하는 일에서 즐거움을 찾는 사람들은, 목표 지향적이고 최우선 사항에 집중하는 극도로 목적의식이 있는 하루에서 여유를 느끼는 방법을 발견한다. 그들은 어떤 순간에도 명쾌하게 생각한다. 물론 방해하는 일들이 생기고, 사람들의 전화가 오고, 문제들이 튀어나온다. 하지만 그들은 어디로 되돌아가야 하는지 알고 있다. 왜냐하면 그들은 자신의 목표를 알고 있기 때문이다. 그 목표를 선택했기 때문이다.

이것이 사람들이 존중하고 따르는 리더의 모습이다.

2장

세상에 완벽한 사람은 없다

미성숙하고, 실수를 저지르고, 서투르고,
게으른 사람도 잘 이끌어주면
위대한 헌신과 영웅적인 행동을 할 수 있다는 것은
인간 본성의 수수께끼이다.
유능한 팀을 꾸리는 비밀은 보통 사람들로 팀을 만들고,
그들의 정신을 고양시켜서 이전이라면 불가능할 정도로
크게 성장하도록 만드는 것이다.

| 1 |
동기 부여의 최고 방법은 가능성을 일깨우는 것이다

비범한 리더는 직원들의 자존감을 북돋아주기 위해 뒤로 물러선다.
사람들이 자기 자신을 믿을 때 성취해낼 수 있는 것들을 보면 경이롭다.

- 샘 월튼 -

사람들에게 동기를 부여하는 최고의 방법 중 하나는 당신에게 동기를 부여해준 사람들로부터 배우는 것이다. 당신이 만났던 훌륭한 리더들로부터 배워야 한다. 온종일 그들을 떠올리고, 그들을 복제하고, 그들을 당신 자신의 모습에 접목시켜야 한다.

스콧 리처드슨은 이렇게 회상한다.

이제껏 내가 만난 가장 최고의 지도자는 내 바이올린 선생님이었던 로드니 메르카도 교수님이다. 그는 누구보다도 효과적으로 동기 부여를 했고 사람들에게 많은 영감을 주는 사람이었다. 그는 바이올린 천재로 애리조나 음대 부교수였다. 나는 16살 때 바이올린을 그만두려고 하려던 시기에 그를 만났다. 어머니는 내가 바이올린 연주자기 되기를 몹시 원했고 그래서 이렇게 말했다.

"기다려 봐. 네게 최고의 선생님을 찾아줄게."

나는 회의적이었다. 하지만 어느 날 어머니는 집에 돌아와서 내게 이렇게 말했다.

"선생님을 찾았다. 그는 네 선생님의 선생님이야."

내가 처음 메르카도 교수님을 만났을 때, 나는 그분 앞에서 오디션을 봐야 했다. 이전까지는 한 번도 바이올린 선생님을 구하는 데 오디션을 본 적이 없었다. 우리가 돈을 지불하면 선생님이 학생을 맡는 것이 보통이었다.

하지만 메르카도 교수님은 자신의 학생들을 신중하게 골랐다. 마치 훌륭한 리더가 자신의 팀원을 고르듯이.

나는 내 생애 절대 최악의 오디션을 보았다! 나는 이렇게 생각했다. 음. 이렇게 끝나겠군. 그가 내 선생님이 될 걱정은 안 해도 되겠구나.

얼마 지나지 않아 메르카도 교수님이 내게 전화를 걸어 이렇게 말했다.

"자네를 받아들이겠네.

나는 이렇게 생각했다.

'뭔가 실수가 있는 것이 틀림없어. 이럴 수는 없어. 내 연주는 너무 끔

찍했잖아. 그 연주를 듣고 나를 제자로 받아들일 사람이 있을 거라고는 상상도 할 수 없었어.'

하지만 메르카도 교수님은 다른 사람에게서 가능성을 보는 능력이 있었다. 내 오디션을 들은 사람이라면 누구나 내 연주가 절망적이라고 말했을 것이다.

하지만 그는 연주 이상의 것을 들었다. 그는 연주 너머의 가능성을 들었다.

그런 점에서 그는 대단히 훌륭한 코치이자 리더였다. 사람들에게 동기를 부여하는 데 필요한 결정적인 자질 중 하나는 지금 눈앞에 일어나는 일 대신 무엇이 가능한지를 보는 능력이기 때문이다.

그때 이후로 나는 사람들을 쉽게 포기하지 않게 되었다. 나는 더 자세히 보고 더 귀 기울여 듣게 되었다. 그러자 곧 사람들에게서 예전에는 내가 보지 못했던 재능과 강점들이 나타나고는 했다.

사람들은 그 순간 우리의 눈에 그들이 어떤 모습일 거라는 생각에 따라 일을 수행하는 수준이 달라진다. 다시 말해 우리가 다른 사람들을 어떻게 보느냐에 따라 그들이 우리를 위해 하는 행동의 수준이 달라진다는 것이다. 일단 우리가 주위에 있는 사람들의 새로운 가능성을 창조해서 그들에게 그것을 알려주면 그 인물로서의 그들의 수행은 즉각 날아오른다.

사람들의 행동은 그 순간 그들이 우리에게 어떤 사람으로 보일 거라고 생각하는가에 따라 달라진다. 일단 우리가 주위에 있는 사람들에게서 새로운 가능성을 찾고 이 새로운 가능성이 우리 앞에 비친 그들의 모습이라는 사실을 전달하면 그들의 수행은 즉각적으로 날아오른다.

다른 사람에게 동기를 부여하는 데 이보다 더 좋은 방법은 없다.

| 2 |
합의는 명령이나 규칙이 아닌 공동창작이다

명령을 내리는 것은 봉사하는 것이다.
그 이상도 그 이하도 아니다.

− 앙드레 말록스 −

사람들에게 더 많은 동기 부여를 일으키는 비법 중 하나는 우리가 '대면의 기술(A.R.T.)'이라고 부르는 것이다. 이것은 리더들이 직원들에게 책임을 지우는 일을 즐길 수 있는 방법이다.

대부분의 리더들은 사람들에게 책임을 묻는 일을 즐기는 것은 불가능하다고 생각한다. 그들은 이 일이 리더역할의 가장 힘든 부분이라고 생각한다. 그들은 이것이 리더십의 부정적인 면의 하나라고 생각한다. 사령관의 책임에 따르는 필요악이라고 생각한다.

이제 왜 리더들이 직원들에게 책임을 묻는 일을 그렇게 잘하지 못하는지를 알 수 있을 것이다.

다행스럽게도 이 일을 즐겁게 할 방법이 있다.

마음에 들지 않는 행동을 하거나 실적이 낮은 직원에게 말을 할 필요가 있을 때, '대면의 기술(A.R.T.)'을 이용해 보라.

A: 인정하고(Acknowledge) 칭찬하라(Appreciate)

먼저 그 직원에게 있는 그대로의, 그 사람의 강점과 재능을 언급하면서 그가 조직에 도움이 된 것을 인정하고, 칭찬하는 것이다. 그리고 그 직원이 당신에게 특별히 감동을 주었거나 도움을 주었던 아주 구체적인 예를 드는 것이다.

R: 재진술하라(Restate)

그런 다음 그 직원에게 당신이 헌신하고 있음을 재진술한다. "나는 당신의 가능성을 믿어요. 나는 당신의 가능성을 보고 당신을 채용했어요. 나는 당신이 여기서 성공할 수 있도록 헌신하고 있어요. 나는 당신이 경력을 쌓고, 행복해하고, 성취감을 느끼도록 헌신하고 있어요."

그런 다음 그 직원에게 그가 항상 당신에게서 기대할 수 있는 것이 어떤 것들인지 정확히 구체적으로 말해야 한다. 당신이 무슨 일을 하는지, 충분한 급료를 주기 위해 얼마나 애쓰는지, 항상 어떤 면에서 도움을 줄 수 있는지, 항상 그의 성공에 필요한 것을 주려고 당신이 어떤 일을 하는지 등을 나열하는 것이다.

헌신을 재진술하는 일은 대화가 적절한 문맥 안에 들어오게 해야 한다. 상사가 하는 '질책'의 90퍼센트는 상사와 직원관계에 파괴적인 영향을 미친다. 왜냐하면 그것들은 전후관계를 무시한 것이기 때문이다. 항상 큰 그림이 먼저 구축되어야 한다.

T: 추적하라(Track)

마지막으로 합의안을 추적해야 한다. 문제의 사안과 관련해서 그 직원과 만들었던 합의안을 추적하는 것이다. 만약 기존의 합의안이 없다면 그 자리에서 하나를 만들어야 한다. 상호존중을 통해 합의안을 공동으로 만들어내는 것이다.

합의는 공동창작이다. 그것은 명령이나 규칙이 아니다. 합의안이 지켜지지 않을 때는 양측 모두 자신의 패를 모두 펼쳐놓고 서로 도움을 주려는 태도로 합의안을 고쳐 쓰거나 새로운 합의안을 만들어내야 한다.

사람들은 다른 사람들의 규칙은 깨뜨릴 것이다. 하지만 자신이 만든 합의는 지킬 것이다.

| 3 |

자존감을 높이고
자부심을 가져야 한다

리더가 되는 과정은 건강하고 원만한 사람이 되는 과정과 같다.

– 워렌 베니스 –

높은 자존감은 인간의 생득권이다. 우리를 이루는 핵심 영혼이다. 그것을 얻기 위해 굴욕적인 일련의 시험을 통과할 필요는 없다. 그저 그것을 오염시키는 생각을 버리기만 하면 된다.

우리는 빛을 가리지 않도록 물러서서 우리 자신과 다른 사람들 안에 숨어 있던 자존감이 빛나도록 해야 한다.

원숙하고 능숙한 열정적인 리더는 사람들에게서 최고이자 최상의 자존감을 이끌어낸다.

하지만 우선 자신부터 시작해야 한다. 만약 당신이 리더라면 본인의 자신감을 키우는 일부터 시작해야 한다.

우리 인간은 자신감이 넘치는 사람들을 따르기 쉽다. 프로젝트를 개최하는 사람이 자신감이 넘칠 때 지원자는 더 빨리 모집된다.

오늘날 대부분의 리더들은 자신의 자존감을 높이고, 스스로 자부심을 갖는 일에 시간을 쏟지 않는다. 그들은 남들 눈에 어떻게 비칠까 걱정하느라 바쁘고 그 결과 그들은 불안해하고 낮은 자존감을 갖게 된다.

자신이 성공을 이루지 못하고 많은 성취를 이루지 못할 것이라고 느끼는 리더는 사람들 안의 높은 열망에 불을 붙이지 못한다. 불안감에 기인한 주된 욕구가 내가 옳고 다른 사람이 틀리다는 것을 증명하려는 것이라면 사람들과 맺는 관계는 영감을 주지 못하는 적대적인 관계가 되어버린다. 그런 리더들은 상대방 안에서 최고의 모습을 끌어낼 수 없다. 위대한 리더는 에고가 없어야 한다는 말은 궤변이다.

리더는 매번 시험대에 오른 것처럼 떨지 않고, 불안감과 방어적인 태도로 행동하지 않을 충분히 건강한 에고를 가져야 한다. 그러면 리더는 자기 세력을 확장하고 자기를 방어하려는 일을 그만두고 과업과 결과를 지향할 수 있다. 건강한 에고는 이렇게 묻는다. 일을 제대로 처리하려면 무엇부터 해야 하지? 불안한 에고는 이렇게 묻는다. 어떻게 해야 망신을 당하지 않을까?

지금 해야 할 일을 하고, 그다음 필요한 일을 하면서 내면의 힘을 길러야 한다. 남들 눈에 어떻게 보일까 걱정하는 일을 줄일수록 당신은 더 멋지게 보일 것이다.

| 4 |
이미 의욕으로 가득 찬 사람을 채용해야 한다

최고의 경영자는 그가 원하는 일을 해낼 유능한 사람들을
채용할 충분한 감각과 그들이 일을 하는 동안
간섭하지 않을 자제력을 가진 사람이다.

- 시어도어 루즈벨트 -

너무 당연한 말이지만 의욕이 넘치는 직원들과 함께 할 최고의 방법은 이미 의욕으로 가득 찬 사람들을 채용하는 것이다. 이런 팀을 구성하기 위해 당신은 할 일이 많다. 우선 직원을 채용하는 인터뷰부터 시작하자.

인터뷰에서 면접자가 미리 예상하여 연기를 할 만한 질문들을 미리 파악해 최소화해야 한다.

대신 면접자의 연기 뒤에 숨겨진 진짜 그 사람의 모습을 드러내는 독창적인 질문들을 던지는 것이다. 예상할 수 없는 질문들을 던지되 면접자가 기분 좋게 당황하도록 만들어야 한다. 의욕적이고 유능한 사람은

그런 상황을 즐길 것이다. 하지만 의욕이 없는 면접자는 점점 불편해질 것이다.

모든 면접자들이 역할을 연기한다는 사실을 명심해야 한다. 그들은 그들 생각에 이 직업을 얻을 것 같은 사람을 연기한다. 인터뷰를 할 때 그러지 않는 사람은 없다. 하지만 당신이 할 일은 그런 일을 방지하는 것이다.

당신 앞에 선 지원자의 진짜 모습을 알아내는 한 방법으로 질문 쌓기(layering)라는 것을 소개한다. 질문 쌓기는 질문을 하나 던지고 나서 관련된 확장 가능한 질문들을 계속 덧붙이는 것이다. 예를 들어보자.

질문: 당신은 왜 ○○ 회사를 나왔나요?
대답: 도전할 가치를 못 느꼈습니다.
덧붙이는 질문: 흥미롭군요. ○○ 회사에 대해 더 말해 보세요. 당신에게 그 회사는 어땠나요?
대답: 꽤 힘들었어요. 편하지 않았거든요.
덧붙이는 질문: 왜 그랬던 것 같나요?
대답: 상사가 세세한 부분까지 통제하려는 사람이었거든요.
덧붙이는 질문: 아주 흥미롭군요. 가능하다면 더 이야기해 보세요.

기본적으로 '질문 쌓기'는 상대에게 "그래서요?", "계속해 봐요.", "좀 더 말해 봐요."라고 질문을 던지면서 계속 말하게 만드는 면접기술이다.

  질문을 계속 더하다 보면 얼마 지나지 않아 진짜 그 사람의 모습이 나온다. 상대가 예상하지 못한, 이상적인 답안을 미리 연습하지 않았을 질문들을 던져야 한다.

  당신이 좋아하고 당신의 흥미를 끄는 질문들을 생각해내서 면접자들이 인터뷰를 하는 내내 미지의 세계에 머무르게 하는 것이다. 그럼 당신은 가면을 벗은 진짜 그 사람이 말을 하도록 만들 것이다. 그러면 당신은 그와 함께 일하는 것이 어떨지를 훨씬 잘 알게 될 것이다.

  의욕이 넘치는 팀을 만드는 최고의 방법은 이미 의욕으로 넘치는 사람들을 채용하는 것이다.

| 5 |

최고의 경영은 경영이 필요하지 않는 직원을 찾는 것이다

지도자의 능력은 그를 따르는 사람들의 수준으로 측정될 수 있다.

– 데니스 A. 피어 –

직원을 채용하려고 면접을 하는 사람들 대부분은 말을 너무 많이 한다. 그들은 이 질문을 너무 일찍 묻는다.

"음. 그럼 우리 회사에 대해 알고 싶은 것이 있나요?"

이런 행동은 그만두어야 한다. 이것은 당신의 에고가 표출된 것이다. 좋은 인터뷰 테크닉이 아니다. 준비를 잘하지 않았거나 능수능란한 인터뷰어가 아닌 사람들은 항상 자신을 인터뷰하고 자기 회사에 대한 이야기를 하고 만다.

그들은 질문만 많이 던지는 것이 불편하다. 그래서 재빨리 회사의 역사, 회사에서 일한 자신의 경력, 자신의 개인적 신념과 생각들에 대해 말하기 시작한다. 하지만 5개월이 지나면 그들은 손목을 비틀고 머리를 쥐어뜯으며 후회할 것이다. 어찌해서인지 그들은 자기 손으로 문젯거리 직원과 고질적 불평꾼을 회사에 들였기 때문이다.

다음을 기억해야 한다.

말을 그만해야 한다. 당신이 할 일은 당신 앞에 선 지원자의 동기 부여 수준을 직관적으로 알아내는 것이다. 당신은 질문만을 계속 던져서 면접자가 대답을 하도록 해야만 한다.

무자비할 정도로 많은 질문을 던지는 일은 단순히 수다를 떠는 것보다 더 많은 용기와 상상력이 필요하고, 더 많은 준비가 필요하다.

훌륭한 리더는 훌륭한 리크루터(recruiter: 신입사원을 모집하는 사람)이다. 스포츠나 삶에서도 마찬가지다. 최고를 고용하는 것이다.

종종 비즈니스 컨설턴트계의 유명한 데일 도튼은 이렇게 말했다.

"내 책 '타고난 보스'의 기초가 되었던 한 연구에서 나는 훌륭한 리더는 직원들을 유능하게 만들려는 노력보다는 유능한 직원들을 찾아내고 구애하는 일에 엄청난 노력을 들인다는 사실을 발견했다. 결국 최고의 경영은 경영이 필요하지 않는 직원을 찾는 것이다."

| 6 |
세상에 완벽한 사람은 없다

리더는 추종자를 만들어내지 않는다.
그들은 더 많은 리더를 만들어낸다.

− 탐 피터스 −

사람들은 항상 자신을 한계 짓는다. 그들은 가짜 장벽을 세우고 상상의 문제들과 씨름한다.

리더로서 당신이 할 일은 직원들에게 자신이 생각하는 것보다 더 많은 일을 성취할 수 있다는 것을 알게 하는 것이다. 어쩌면 그들은 언젠가 당신 같은 리더가 될 수도 있다. 직원들이 당신을 존경하게 된다면 그것은 당신이 항상 그들의 가능성을 봐주기 때문일 것이다. 항상 그들의 최고의 가능성을 찾고 그것을 그들에게 전해야 한다.

어쩌면 그의 삶에서 그를 한 번이라도 믿어준 사람은 당신이 처음이었을지도 모른다. 당신 덕분에 그는 자신이 생각했던 것보다 더 유능해졌다. 그래서 그는 당신을 좋아한다. 비록 당신의 그에 대한 믿음이 가끔 그를 불편하게 만들기도 하지만 말이다.

당신이 그에게 더 능력을 발휘하라고 할 때마다 그는 불편함을 느낄 수 있다. 하지만 당신은 개의치 않는다. 당신은 그에 대한 믿음을 계속 밀고 나가서 그가 능력을 더 발휘하고 더 성장하게 만든다.

로버트 그린리프는 미국 비즈니스계의 최고의 리더 중 한 명이다. 그는 '직원 리더십'이란 개념을 발명했다.

리더란 자신을 따르는 사람들에게 봉사하는 사람이다. 리더는 사람들이 발전해 가는 단계마다 도움을 준다. 특히 그들 안의 최고 능력을 끌어내고 일을 성취하는 데 있어서 그들의 한계를 믿는 것을 거부한다.

당신의 직원들은 인간으로서는 결함이 있는 존재일지도 모르지만 일을 성취하는 사람으로서는 분명 그렇지 않다.

그린리프는 이렇게 말했다.

"완벽한 사람을 지도하는 것은 누구나 할 수 있습니다. 물론 그런 사람이 있다면 말이지요. 하지만 세상에는 완벽한 사람이란 없습니다. 완벽한 아이를 키우려고 하는 부모는 결국 신경증 환자를 만들어낼 뿐입니다."

"'평범한' 사람(미성숙하고, 실수를 저지르고, 서투르고, 게으른 사람)도 잘 이끌어주면 위대한 헌신과 영웅적인 행동을 할 수 있다는 것은 인간 본성의 수수께끼입니다. 유능한 팀을 꾸리는 비밀은 보통 사람들로 팀을 만들고, 그들의 정신을 고양시켜서 이전이라면 불가능할 정도로 크게 성장하도록 만드는 것입니다."

| 7 |
미치도록 바쁜 일이 아니라 본인 자신이 미친 것이다

나이를 먹을수록 '중요한 것부터 먼저'라는
오랜 속담에서 많은 교훈을 얻는다.
그것은 아주 복잡한 문제들을 처리할 만한 양으로 줄일 수 있는 방법이다.

— 드와이트 D. 아이젠하워 —

한 번에 일곱 가지 일들을 생각하고 있을 때 나는 그 생각들을 놓치지 않으려고 하면서 상대의 이야기를 듣는다. 하지만 나는 이 대화가 끝난 뒤에 해야 할 일들, 빨리 하고 싶은 일들 세 가지를 더 생각하고 있었기 때문에 상대의 말은 실제로 귀에 들어오지 않는다.

그래서 나는 그가 내게 말을 하는 동안 손목시계를 계속 확인한다. 왜냐하면 나는 머릿속에서 분주히 달리고 있고, 수백만 가지 일을 해내는 전형적인 정력가이기 때문이다.

나는 이런 행동들 때문에 상대와의 빈약한 관계가 망가지고 있다는 것을 깨닫지 못하고 있다. 이 관계는 조금씩 조금씩 금이 가고 있다. 왜

나하면 내가 대화의 상대와 내 직원들에게 전달하고 있는 주된 메시지는 '나는 스트레스가 너무 많고 미치도록 정신없기' 때문이다.

심지어 나는 내 배우자에게도 이렇게 말한다.

"정말 정신이 하나도 없어. 당신과 더 많은 시간을 보내고 싶지만 지금은 너무 정신이 없어. 회사 일이 미칠 정도로 바쁘게 돌아가."

글쎄. 회사 일이 미치게 돌아가는 것은 아니다. 당신이 미친 것이다. 우리는 이 사실에 솔직해질 필요가 있다. 일이 미치게 돌아가지는 않는다. 그건 단지 일일 뿐이다. 그건 단지 비즈니스일 뿐이다.

'미치도록 바쁜' 리더는 회사를 떠나려는 그녀가 믿어지지 않는다는 듯 이렇게 말한다.

"뭐라고? 그녀가 우리 회사를 떠난다고? 도대체 왜? 그녀가 그만둔다고? 오. 안 돼. 요즘에는 누구도 믿을 수 없어. 그녀를 불러줘요. 이것을 막아야 해. 내 다른 스케줄을 취소해요. 전화도 받지 않겠어요. 그녀가 왜 떠나려는지 알아야겠어요."

그러나 당신이 지난 한 해 동안 그녀와 나눈 대화들은 어떤 것도 3분을 넘지 않았다. 당신은 그녀와 365번 대화를 했을지 모르지만 모두 겨우 3분 동안이었다. 이것은 신뢰가 가는 관계가 아니다. 이것은 달리는 차에서 총을 쏘며 지나는 것이나 다름없다.

좋든 싫든, 알아야 할 진실은 사람들과 좋은 관계를 형성하는 것이 일에서 승승장구하고, 회사를 성장시키고, 유능한 팀을 만드는 방법이라는 것이다.

멀티태스킹을 하는 상사를 찬양하고, 약간 두려워하면서 '존경'하는 직원들은 보통 상사의 '미쳐 돌아가는' 그 모든 것들 때문에 불안하다고 인정한다. 그들이 그 상사와 만날 때 상사는 이렇게 말한다.

"오케이, 들어와요. 나한테 할 말이 있다고요. 들어오세요. 아, 이 전화를 받아야겠네요. 미칠 듯이 바빠요. 2분 뒤에 미팅에 들어가야 하고, 기다리는 이메일이 있어요. 이야기 도중에 메일을 확인해도 봐주기를 바랄게요. 그래도 잠깐 들어와요. 당신이 내게 말할 것이 있단 걸 알아요. 그러니 들어와요. 아, 말해 봐요. 오, 잠깐만요."

우리는 리더들에게 정신없이 일하는 방식에서 속도를 줄이고 모든 대화에 집중해보라고 코치했고, 그들은 결과를 보고 정말 놀라워했다. 그들은 일주일 동안 그렇게 하고 나면 전화를 걸어 이렇게 말한다.

"믿을 수 없게도 내가 여기서 일했던 모든 시간들보다 이 한 주 동안 내 직원들을 더 잘 알게 됐어요."

그들에게 믿을 수 없는 경험이다.

여유를 찾고 눈앞에 보이는 다음번 긴급과제를 보면, 다른 누군가가 이 일을 하고 싶어 하겠다는 생각이 종종 떠오른다. 그뿐만 아니라 그 누군가는 이 일을 맡는 것을 황송해할 것이다.

"직원들은 내가 그들이 일하는 방식이 마음에 들기 때문에 이 일을 맡기고, 잘해달라고 부탁한다는 것을 알고 그들에 대한 내 신뢰를 느끼고 즐거워할 거야."

다른 사람에게 위임하고 넘겨줄 일들은 아주 많다. 하지만 오직 당신이 이성을 되찾고 여유를 찾을 때만 그것을 알 수 있다.

  사람들에게 동기를 부여하는 최고의 방법 중 하나는 그들에게 더 흥미로운 일을 주는 것이다. 특히 그들에게 넘겼을 때 당신에게 시간의 여유를 줄 일들을 말이다. 그렇게 생긴 시간은 팀원들에게 동기를 부여하는 일에 사용할 수 있다.

| 8 |

진정한 리더는 인기를 얻는 일에 신경 쓰지 않는다

그들에게 지옥을 준 적은 없다.
나는 그저 진실을 말할 뿐인데
그들이 그것을 지옥이라 생각하는 것이다.

— 해리 트루먼 —

    리더십이 습관이 되지 않은 리더들은 종종 무의식적으로 호감을 얻으려고 한다. 그들은 사람들에게 책임을 묻는 대신 그냥 봐준다. 그들은 실적이 낮은 직원들에게 다 괜찮다는 거북한 기분이 들게 한다. 그들은 존경보다는 인정을 갈구하는 리더들이다. 하지만 이런 습관은 종종 심각한 결과를 초래한다. 직원 설문조사에서 가장 많이 언급되는 문제인 '회사에 대한 불신'에 이르게 한다.
    진정한 리더는 인기를 얻는 일에 집중하지 않는다. 진정한 리더는 업무와 의사소통에 더 집중한다. 그리고 그것은 결국 그를 존경받는 리더로 만든다. 이것은 전혀 다른 결과에 이르게 하는 완전히 다른 목표이다.

리더가 끊임없이 자문해야 하는 핵심 질문은 "만약 내가 나의 상사라면, 바로 지금 내가 상사로부터 가장 필요한 것은 무엇일까?"이다.

이 질문에 대한 답은 다양하겠지만 그중 가장 많이 나오는 것들은 다음과 같다.

1. 당신이 그 사실을 아는 만큼 빠르게 진실을 아는 것.
2. 나와 회사에 무슨 일이 일어나고 있는지를 완전하고 숨김없이 알려주는 것.
3. 모든 약속들, 특히 작은 약속들을 계속 잘 지켜주는 것. 일부 약속만 지키는 것이 아니라, 성실히 지키려는 노력만이 아닌, 약속들 전부를 지키는 것. 약속을 지키지 못했을 때는(특히 작은 약속들) 즉각적으로 사과하고, 개선하고, 새로운 약속을 할 것.

진정한 리더는 모든 사람의 좋은 친구가 될 생각이 없다. 물론 그는 낙관적인 유쾌한 의사소통을 소중히 여긴다. 하지만 진정한 리더는 항상 직원들에게 사랑받는 일에 대해 지나치게 걱정하지 않는다. 또한 솔직하고 숨김없는 태도로 아주 불편한 대화도 적극적으로 참여하려고 한다.

진정한 리더는 어른스러운 태도로 이런 리더십의 역할을 진지하게 생각하고, 리더로서의 책임을 가볍게 여기지 않는다. 진정한 리더는 자신이 돈을 받고 관리하는 팀원들과는 부적절한 사적 친분을 형성하려고 하지 않는다.

진정한 리더는 리더가 감당해야 하는 모든 의무와 책임감을 즐길 줄 알며 부하들의 실적을 평가하고 관리하는 일을 공명정대한 비즈니스 모험으로 바꾼다.

| 9 |
최악의 일부터 먼저 해야 한다

그곳을 빠져나가는 최선의 방법은 그곳을 거쳐 가는 것이다.

– 로버트 프로스트 –

오늘날의 리더들이 우리에게 가장 많은 조언을 구하는 주제는 바로 이것이다. '시간이 늘 부족한데 어떻게 다른 사람들에게 동기를 부여하는 일까지 할 수 있나?'

증권브로커 팀장 카를로스도 이런 문제를 가지고 있었다.

"온갖 일들이 내게 날라듭니다. 쌓이는 서류들, 나를 찾는 사람들, 내게 걸려오는 수많은 전화, 내가 책임져야 할 의무들, 데드라인에 맞춰야 하는 모든 일들 때문에 나는 정말로 하루에 열 시간을 더 써도 모자랄 지경이에요."

카를로스가 말했다.

우리는 웃음을 터뜨렸다.

"그래요. 하지만 그건 다른 사람들도 마찬가지예요, 카를로스. 당신이 특별하다는 생각은 그만두어요. 삶의 방식을 새로 프로그래밍하고 자기 자신에게 초점을 맞추세요. 마음을 재부팅해요. 다시 시작하세요."

글로벌 시장에서 일하고 있는 모든 사람들은 그들에게 있는 시간보다 할 일이 더 많다. 사실 이것은 문제되는 일이 아니다. 그것은 삶의 흥미로운 일면이다.

"하지만 일에 압도되는 느낌에서 벗어나기 힘든 것은 사실이에요."

카를로스가 말했다.

"일에 '파묻혀버린' 피해자 마인드에 빠지기 쉬워요."

"정말 그렇지요. 그러니 마음을 재정비하고 3,000미터 상공에서 바라보세요. 위로 날아올라요. 자신을 일으켜 세워요!"

"하지만 사실 나는 정말로 일에 파묻혀 있어요."

카를로스는 거의 비명을 지르듯 말했다.

"내가 할 수 있는 일은 없어요. 나는 압도당했어요. 이렇게 많은 일을 해야 하는데 어떻게 팀원들을 관리할 수 있겠어요? 게다가 이제 모든 일을 다 따라잡았다 싶으면 바로 그때 전화벨이 울리고 이메일이 오고, 또 다른 요청, 적용해야 하는 또 다른 새 프로그램, 준비해야 할 또 다른 서류가 나타나요. 나는 두 손 두 발 다 들고 이렇게 말하기 직전이에요. '이걸 대체 어떻게 하란 말이지?'"

"카를로스, 들어봐요. 이세 정신을 차려요. 가장 단순한 시간관리 방법을 생각해내는 일이 시급합니다. 그럴 수 있다면 당신은 진정한 리더가 될 수 있어요. 단순한 방식을 찾으세요."

"왜 단순해야 하는 거죠?"

카를로스가 물었다.

"복잡한 도전들을 해결하기 위해서는 복잡한 해결책이 필요할 것 같은데요."

"그 이유는 당신이 리더의 자리에 있다면 당신이 무슨 짓을 하든지 한 가지 현실을 바꿀 수는 없어요. 당신을 늘 따라다니면서 괴롭히는 사람들이 있을 것이고, 집중공격을 받게 되고 방해하는 사람들이 늘 있을 거예요. 하지만 당신이 이러한 리더의 삶에 대응하는 두 가지 방법이 있습니다."

카를로스는 아무 말도 하지 않았다.

"당신은 그냥 피해자가 돼서 이렇게 말할 수 있어요. '난 이것을 감당할 수 없어. 일이 너무 많아.' 이 방식은 창의적인 생각도 필요 없고, 용기가 필요하지도 않아요. 가장 하기 쉬운 방법이죠. 내가 처한 상황에 대해 불평하는 것 말이에요. 아마 심지어 다른 사람들, 다른 리더들, 가족들에게까지 불평을 할지 모릅니다. 그러면 그들은 고개를 저으며 결국 이렇게 말하겠지요. '당신은 그 일을 그만두어야 해요.'"

카를로스는 동의하며 고개를 끄덕였다.

"맞아요. 그런 일이 일어나지요."

카를로스가 말했다.

"하지만 그런 반응이 내 일을 즐겁게 할 수 있게 도와주지는 않아요. 친구들과 가족들이 내게 그 일을 그만두어야 한다고 말할 때 말이에요. 그건 일을 두 배로 힘들게 해요."

"맞아요! 그러니 다른 방법을 찾는 거예요. 당신의 삶에서 최고로 단순한 시간관리 방식을 이용하는 것이에요. 그게 우리가 추천하는 것입니다. 그리고 대부분의 리더들에게 가장 좋은 결과를 가져다주었던 방식입니다. 그것은 너무 간단해서 단 두 단어로 요약할 수 있어요. 그것은 '워스트 퍼스트(Worst First)'에요."

우리는 카를로스에게 시간을 관리하는 최고의 방법은 시간을 관리하는 것이 아니라 일의 우선순위를 관리하는 것이라는 사실을 깨닫게 하도록 오랫동안 애썼다. 실제로 '시간을 관리'하는 것은 불가능하기 때문이다.

당신은 하루 24시간에 단 몇 시간도 더 더할 수 없다. 하지만 당신은 우선사항들과 할 일들을 관리하는 것은 가능하다.

"워스트 퍼스트(Worst First)?"

카를로스가 물었다.

"그게 무슨 말이죠?"

"조만간 처리하고 싶은 일들을 모두 종이 한 장에 받아 적으세요. 어쩌면 벌써 할 일들을 적어보았을지도 모르겠네요. 하지만 이 목록은 당신이 정말로 할 생각이 있는 것들이에요. 이 목록은 완벽할 필요는 없어요. 온갖 약어, 조그만 그림들, 낙서들을 종이 위에 휘갈겨 써도 괜찮아요. 그다음에는 이것들 중에서 하나를 선택하세요. 가장 도전적이고 중요한 것 하나를요."

"그게 무엇인지 어떻게 확실히 알 수 있나요? 그리고 이 일이 내가 직원들에게 동기 부여하는 일과 무슨 상관이 있다는 거죠? 그게 당신의 전문분야 아닌가요?"

"네. 맞아요. 하지만 당신이 이것을 해결하지 않으면 어떤 사람에게도 동기를 부여할 수 없습니다. 당신을 흔들리지 않게 해줄 안정적인 정신적 토대, 정돈된 내면의 공간이 필요합니다."

"좋아요, 좋아. 알겠어요. 그런데 어떻게 중요한 일 한 가지를 고르죠?"

"당신이 가장 미루고 싶은 일 한 가지는 무엇인가요? 반드시 해야 하는 가장 중요한 일은 무엇인가요? 정말로 처리해야만 하는 그 일, 반드시 가장 급한 일은 아니지만 가장 중요한 일이오."

"아."

카를로스가 말했다.

"알 것 같아요. 떠올리면 나를 가장 괴롭게 하는 일이오. 그게 내가 제일 먼저 할 일이란 거죠."

"바로 그거예요."

"하지만 사소한 일들도 처리해야 하잖아요?"

카를로스가 물었다.

"네. 그것들도 처리해야 하죠. 하지만 사소한 일들을 하면서 당신은 중요한 일들을 남겨두고 있어요. 가끔씩은 휴대폰을 끄고 이메일 확인하는 일을 멈추고, 중요한 일을 찾아서 그 일이 완성될 때까지는 급한 일을 그대로 놔두는 편이 훨씬 더 효과적인 경우도 많습니다."

"항상 무엇인가가 내 마음 한 구석을 초조하게 만들고 있는 것은 분명해요."

카를로스가 말했다.

"그 일이 계속 머릿속에 떠오르고 또 나는 계속 그 일에 대해 생각해요. 그 생각은 내가 하는 일들에 방해가 되고요."

"이제 제대로 이해했군요. 카를로스! 당신은 마음 한편으로 이 중요한 일을 생각하기 때문에 지금 하는 일들에 여유 있고 유쾌하게 집중할 수 없습니다. 일을 마치고 퇴근했을 때 당신을 가장 지치게 하고, 가장 우울하게 만들고, 찜찜한 하루를 보낸 것 같은 느낌을 들게 하는 그 일은 하지 못했지만 해놓았더라면 하고 바라게 되는 바로 그 한 가지입니다."

"맞아요. 세상에, 알고말고요."

"그래서 '최악의 일' 범주에 집어넣고 싶은 일이지요. 당신은 가장 하기 힘들면서 어서 끝내고 털어버리고 싶은 생각이 간절한 그 한 가지를 골라야 합니다. 그래서 그 일을 넘버원 과제로 만드세요. 최우선 사항입니다. 이 일이 끝날 때까지는 다른 어떤 일도 할 수 없습니다."

5개월 후 카를로스는 우리에게 전화를 걸어 리더십을 발휘하는 새로운 삶에 대한 소식을 전했다.

"나는 이 방식 덕분에 정말 여유로워졌어요."

카를로스가 말했다.

"만약 누군가가 내게 '잠시 앉아서 이 문제에 대해 이야기를 좀 해주실 수 있을까요?'라고 물었을 때 내가 최악의 일을 이미 끝낸 상태라면 나는 '물론이죠. 얼마나 많은 시간이 필요하죠? 자 이야기해 봅시다.'라고 말할 수 있어요."

| 10 |

의사소통은 신뢰와 존중을 만들어내는 원천이다

데이터는 홍수처럼 넘치지만 정보는 부족하다.

— 루스 스타넛(글로벌 비즈니스 컨설턴트) —

의식적으로 의사소통하라.

내 말이 잘 전달되고 있는지를 확인하라.

리더십 권위자 우렌 베니스는 이렇게 말한다.

"훌륭한 리더들은 직원들이 일 주변을 돕는 것이 아니라 일의 중심에 있다고 느끼게 만든다. 모든 직원들은 자신이 회사의 성공에 도움을 준다고 느낀다. 그렇게 될 때 사람들은 더 몰입하고 자신의 일에 의미를 부여한다."

우리는 정보화시대를 살고 있다. 사람들은 온종일 창의적이고 생산적인 일에 머리를 사용한다. 그들은 단순히 도랑에서 삽질만 하는 사람들이 아니다. 그들은 모두 커뮤니케이션을 통해 밥벌이를 한다.

그 어느 때보다도 소통은 우리의 삶의 활력의 근원이 되었다. 그것은 모든 조직을 돌아가게 하는 생명선이다. 하지만 여전히 많은 조직들은 의사소통을 운이나 '상식'에 맡겨 버리거나 모든 직원들에게 정보 전달을 하는 기능을 더 이상 수행하지 못하는 전통적인 소통방식을 고수한다.

의사소통은 모든 조직에서 신뢰와 존중을 만들어내는 원천이다. 그러니 가능한 솔직히 모든 정보를 공개하자.

우리가 의사소통에 대한 의식을 높일 때, 의사소통은 향상된다. 우리가 의사소통이 잘 이루어지도록 완전한 책임을 질 때 조직은 더 강해진다.

| 11 |

성과에 점수를 매길수록
더 의욕적으로 일하게 된다

실적이 당신의 현실이다. 다른 모든 것은 잊어라.

– 해롤드 제닌(ITT 사 CEO) –

점수가 어떻게 나는지 알지 못하는 게임을 하는 것을 상상할 수 있겠는가? 채점기준을 알지 못한 채 심판들 앞에서 경기를 하는 것은 어떤가? 게다가 심판은 당신의 경기가 어땠는지를 오랫동안 말해주지 않을 것이다.

그것은 악몽이다.

우리는 메건의 업무 미팅에 참석했다. 그녀는 직원들이 회사가 기대하는 목표를 이루도록 동기를 부여하는 데 어려움을 겪고 있었다.

"정확히 우리는 지금 어떻게 하고 있나요?"

사람들이 둘러앉은 테이블 끝에서 팀원 중 한 명인 클래런스가 메건에게 물었다.

"오. 잘 모르겠어요. 클래런스."

메건이 말했다.

"아직 자료를 보지 못했어요. 하지만 우리 팀이 이번 달에 꽤 잘하고 있다는 느낌이 들어요. 아직 수치를 확인하지는 못했지만요."

당신은 클래런스의 얼굴 표정을 상상할 수 있을 것이다. 실망감과 고통스러움이 뒤섞인 표정이었다.

나중에 메건과 단둘이 만났을 때, 우리는 그녀에게 클래런스와 다른 팀원들에게 동기를 부여할 생각이 조금이라도 있다면 왜 그녀의 방식을 즉시 바꾸어야 하는지를 설명했다. 그녀는 점수를 잘 알고 있어야 했다.

"난 숫자에 약해요."

메건이 말했다.

"한 번도 좋아한 적이 없어요. 나는 숫자를 잘 다루는 사람이 아니에요."

"당신이 숫자를 좋아하건 말건 리더의 자리에 있다면 숫자를 잘 다루는 사람이 되는 것은 팀의 성공을 위해 절대적인 일이에요. 당신이 직원들의 실적을 확인하고, 그 수치들을 눈앞에 펼치고 직원들과 그 수치를 가지고 대화를 할 때까지는 절대 의욕이 넘치는 팀을 만들 수 없어요. 만약 당신이 선수들의 코치라면, 물론 지금도 다를 바 없지만요. 그들이 뛴 경기 내용과 득점에 관해 이야기를 해야 하지요."

"음. 나는 고등학교 때 농구부에서 뛰었어요."

메건이 말했다.

"어쩌면 그 경험과 연관 지을 수도 있겠네요."

"경기 중 코치의 행동을 상상해보세요. 선수들이 사이드라인에 모였어요. 경기 막바지이고 당신의 코치는 이렇게 말합니다. '자. 내가 득점판을 잠시 보지 못해서 우리 팀이 몇 점이나 뒤졌는지 앞섰는지는 모르겠어. 어쨌든 여기 타임아웃이 끝나고 우리가 해볼 만한 몇 가지 전략이 있어.'"

메건은 미소를 지었다. 그리고 이렇게 말했다.

"그런 코치는 절대로, 전혀 신뢰할 수가 없을 거예요!"

"왜 그렇죠?"

메건은 말이 없었다.

"당신이 그 코치가 아닌가요, 메건?"

메건이 말했다.

"무슨 말인지 알겠어요. 내가 만난 최고의 코치들은 득점을 하면 칭찬하고 기뻐하는 분들이었어요."

"그렇죠! 훌륭한 리더들도 똑같아요. 그들은 팀원들을 불러서 이렇게 말하는 리더들이에요. '자. 여러분의 지난주 실적을 막 받았어요. 와우. 이건 올해 최고의 성과네요!' 그들은 항상 자신의 팀이 이기고 있는지 지고 있는지를 알고 있기 때문에 직원들이 너무도 따르고 싶어 하는 리더들이에요. 그들은 항상 상황을 잘 이해하고 있거든요."

우리는 메건에게 그녀가 저번 업무 미팅에서 직원들에게 했던 말을 지석했다.

"음. 여러분은 정말 열심히 하고 있어요. 나는 여러분이 노력하고 있다는 것을 알아요. 어젯밤에 운전을 하고 가다가 사무실에 늦게까지 불이 켜 있는 것을 봤어요. 나는 여러분이 노력하는 모습을 존경해요. 여러분은 정말 최선을 다하고 있으니까요."

우리는 그녀에게 그런 방식이 잘못된 접근일 수 있다고 말했다.

"성취하는 일을 존중해야 하는데 그 대신 '노력하는 것'을 존중하고 있으니까요. 메건. 잘 들어요. 우리 사회에는 이를 잘 말해주는 표현이 있지요. 누군가 일부러 둔하고 무능력하게 굴 때 우리는 그 사람이 사태 파악을 못 한다고 말하지요. 왜 그럴까요. 왜냐하면 '현재 상황을 잘 이해하는 것'은 무엇인가를 성취하도록 하는 첫 번째 단계이니까요."

다행히도 메건의 이 실수는 즉시 고쳐질 수 있는 것이었다. 단지 이메일을 보내거나 전화를 걸기 전에 실적을 확인하지 않았을 뿐이었다.

하지만 그 작은 실수 하나 때문에 직원들은 자신이 성공을 이루거나 특정 목표를 성취하기 위해서가 아니라 다른 이유 때문에 그 직장에 있다는 인상을 받을 것이다.

코치는 선수들에게 정확히 득점이 얼마인지, 정확히 시간이 얼마나 남았는지, 득점을 바탕으로 한 전략이 정확히 무엇인지를 아주 정확하게 설명해주는 사람이어야만 한다. 실적을 기반으로 하는 팀에서 일하는 사람은 팀이 언제 성과를 많이 내고 있는지, 어느 날 일을 잘했는지, 잘하고 있는 때와 그렇지 않은 때가 언제인지를 알고 있다.

그럴 때 직원들은 리더에게 숨은 의도 따위는 없다는 것을 알고 리더를 신뢰할 수 있다. 그러니 직원들과 의사소통을 하면서 직원들의 성과를 측정하는 방법을 개선하고 향상시키는 방법을 찾아야 한다. 특히 직원들이 성과를 측정한 점수에 더 많은 관심을 가지게 하는 방법들을 찾아야 한다.

하지만 이 모든 것들은 당신이 주도해야 한다. 회사 정책이 바뀌기를 기다리고 있을 수는 없다. 그것은 대부분의 사람들이 하는 일이다. 그들은 상부에서 새 시스템이나 새로운 득점 기록부, 새로운 홍보 포스터 같은 것들을 만들어주기를 기다린다. 기다리지 말고 당신이 만들어야 한다.

성과를 점수로 매기는 방법을 찾는 일은 리더가 만들어내는 개인적인 혁신이어야만 한다. 그러면 직원들은 그것을 당신과 연관 짓고 그게 당신에게 얼마나 큰 의미가 있는지를 알게 된다.

당신이 향상시키고 싶은 무엇이 있는가? 그럼 그것을 추적해서 점수를 매기는 방법을 찾아야 한다. 모든 인간에 내재한 게임에 대한 열정을 이용해야 한다. 당신이 더 많은 것들에 점수를 매길수록 직원들은 그 일들을 더 의욕적으로 하게 될 것이다.

| 12 |

근본적인 것들을
놓쳐서는 안 된다

쉬운 일들을 하지 못하는 사람은 한 사람도 없다.
마찬가지로 큰일을 믿고 맡기지 못할 사람도 없다.

– 로렌스 D. 벨(벨 항공사 창립자) –

로드니 메르카도 교수가 학생들에게 동기를 부여하는 방법들은 음악 교수뿐만 아니라 그 어떤 일에도 효과를 발휘한다. 메르카도 교수는 수학, 경제학, 사회학, 인류학, 음악사 등 10개 분야에 능통한 천재이다.

스콧은 메르카도 교수와의 경험을 이렇게 회상했다

나는 메르카도 교수님의 음악 수업 중에 경제학 수업을 받고 있는 것을 알고 놀랐다. 메르카도 교수님은 나를 보고 이렇게 말했다.
"음. 스콧. 그게 말이지. 수학은 아주 단순하단다. 전부 덧셈을 기본으로 하고 있어. 하지만 대부분의 사람들은 이 사실을 놓치지. 어떻게 1+1이 2가 되는지를 알기만 하면 수학의 모든 것들은 거기서부터 시작되지. 모든 것들이 말이야."

메르카도 교수님은 늘 기본에 충실했다. 메르카도 교수님이 우리 실내악단이 공연을 위해 연주할, 한 연주곡을 연습하는 것을 도와주러 왔을 때도 그랬다.

그의 지휘 아래 우리는 한 시간 내내 그 곡의 첫 두 소절만을 연습했다. 우리는 그 부분을 계속해서 연주했고 매번 그는 우리에게 새로운 가능성을 탐구하도록 요구했다.

"이 부분에서 어떤 소리를 더 내면 좋을까?"

그는 이렇게 묻고는 했다. 그런 다음 우리에게 어떻게 할 수 있을지에 대한 아이디어를 말해주었다. 그렇게 한 시간이 다 되었을 무렵 우리는 한 곡의 두 소절만을 연주한 것이 전부였지만 그건 마치 팔십 소절의 음악을 연주한 것과 같았다. 마지막에 그는 이렇게 말했다.

"좋아요. 이제 전곡을 연주해 봅시다."

그렇게 연주를 시작하자 우리의 연주와 연주자들 전체는 완전히 탈바꿈되었다. 우리는 전곡을 아름답게 연주했다! 이 경험은 내게 기본적인 것들의 힘을 보여주었다.

그것들을 대충 넘겨서는 안 된다. 사람들이 속도를 늦추고 한 단계 한 단계 차근차근 하도록 해야 한다. 기본적인 사항들을 제대로 하고 근본적인 것들을 놓치지 말아야 한다.

    우리는 한 회사 CEO의 요청으로 그 회사의 중역회의에 참여했다. 그런데 임원 두 명이 회의가 시작할 때까지 등장하지 않았다. 그 CEO는 회의를 급히 진행하려고 했다. '오늘 참석하지 않은 사람들에게는 나중에 말하면' 된다고 했다.

    하지만 우리는 그에게 속도를 늦추고 회의에 참석한 사람들 전체가 이 문제에 집중하게 했다. 그들이 이 두 명의 중역들의 지각 및 잦은 결석, 헌신의 부족 등을 어떻게 해결해야 할지에 대한 근본적인 해결책을 찾도록 논의하게 했다. 그 과정에서 회의에 참석한 리더들은 헌신의 본질에 관한 많은 새로운 통찰을 얻었고, 새롭고 창의적인 정책이 등장했다.

| 13 |

행동가는 성공한 사람들만이 아는 진정한 기쁨을 안다

사람들은 두 부류로 나눌 수 있다. 전진하면서 행동하는 사람들,
그리고 가만히 앉아 왜 다른 방식으로 하지 않았을까 후회하는 사람들이다.

– 올리버 웬델 홈즈 –

대부분의 리더들은 이성적으로 고른 일의 우선순위에 따라 일을 하지 않는다. 그들은 감정에 따라 일한다. 그것이 그들의 하루가 진행되는 방식이다.(그런데 이것은 정확히 아기의 생활방식이다. 아기들은 항상 느낌에 따라 행동한다. 울고 싶은가? 웃고 싶은가? 침을 흘리고 싶은가? 이것이 유아의 삶이다.)

회사에서의 리더는 두 부류로 나눌 수 있다. 행동가(doer)가 있고 기분파(feeler)가 있다.

행동가는 자신이 세운 목표를 달성하는 데 필요한 일을 한다. 그들은 해야 할 일들을 미리 계획한 채 출근한다.

반면 기분파는 그들이 하고 싶은 일을 한다. 기분파는 온종일 자신의 기분을 체크하면서 감정 상태에 따라 지금 하고 싶은 일이 무엇인지 알아낸다.

그들의 삶, 성과, 재정 상태 모두 그들의 감정 상태의 오르내림에 따라 결정된다. 물론 그들의 감정은 지속적으로 변할 것이고 따라서 기분파는 어떤 일이든 성공적인 목표에 이를 때까지 계속하는 것이 힘들다.

그들의 기분은 많은 것들로부터 영향을 받는다. 바이오리듬, 소화불량, 진한 커피 한 잔, 집에서 걸려온 짜증나는 전화 한 통, 점심시간 식당의 무례한 종업원, 감기, 약한 두통 등 이런 것들이 기분파의 삶을 지배하는 힘이자 지휘관이다.

행동가는 이 전화 통화를 하는 데 이미 시간이 얼마나 걸릴지, 현장을 방문하는 일에 시간이 얼마나 걸릴지, 그날은 어떤 사원을 격려하고 어떤 사람과의 관계를 돈독히 할지, 어떤 의사소통이 이루어져야 하는지를 앞서서 알고 있다.

행동가는 성공을 보장하는 3단계 행동방식을 사용한다.

1. 자신이 무엇을 성취하고 싶은지 알아낸다.
2. 그 목표를 성취하기 위해서 무슨 일을 해야 하는지 알아낸다.
3. 그것을 해버린다.

이 3단계 시스템은 단순한 이론이 아니다. 이것은 크게 성공한 사람들에게서 실제로 발견되는 공통된 행동방식이다.

기분파는 예상치 못한 결과와 우울한 문제들로 가득한 미지의 삶 속에서 표류하고 있다. 기분파는 이렇게 묻는다. "내가 지금 전화를 돌리고 싶나?", "내가 지금 감사카드를 쓰고 싶나? 그 사람을 방문하는 것을 지금 하고 싶은가?"

만약 대답이 No라면 기분파는 계속 "나는 지금 어떤 일을 하고 싶지?"라는 질문을 던지면서 목록을 훑는다. 기분파는 온종일 그런 종류의 질문들을 던지면서 살아간다.

반대로 행동가는 높은 자존감을 가지고 있다. 행동가는 온종일 많은 만족감을 얻는다. 만족감을 얻기 전에 먼저 불편함을 감수해야 할 때도 있지만 말이다.

기분파는 거의 항상 편안한 상태를 유지하지만, 정말로 만족감을 얻는 경우는 절대 없다.

행동가는 삶에서 크게 성공한 사람들만이 아는 진정한 기쁨을 안다.

기분파는, 기쁨은 어린아이들이나 느끼는 것이라고 믿고 어른의 삶은 계속되는 번거로운 상황의 연속이라고 생각한다. 행동가는 해가 더 해갈수록 점점 더 큰 힘을 얻는다. 반면 기분파는 해가 갈수록 점점 힘을 잃는다.

행동가로서 당신의 명성이 높아질수록 사람들에게 동기를 부여하는 일은 훨씬 더 쉬워진다. 또한 당신은 직원들 중에서 누가 행동가이고 누가 기분파인지도 점점 분명하게 알게 된다. 그러면 당신은 스스로 본보기를 보여주고, 또 직원들의 행동하는 모습을 칭찬하면서, 낭신 팀의 기분파 직원들이 행동가가 되도록 영감을 불어넣을 수 있다.

    그러면 당신은 행동가의 본보기를 보여주고, 또 직원들이 행동하는 모습을 칭찬하면서, 기분파 직원들이 행동가로 변하도록 격려할 수 있다.

| 14 |

필수적으로 요구되는
행동을 해야 한다

당신이 다음 한 시간 동안 하려는 일은 아주 생산적인 일인가?
꼭 해야 할 일인가? 아니면 그저 바쁘기만 한 것인가?

– 두샨 두키치(미국의 경영 컨설턴트) –

리더십과 경영에 관한 수천 권의 책들 중 우리가 선택하는 절대적인 넘버원은 두샨 두키치의 '직선을 달리는 리더십(Straight-Line Leadership)'이다.

그 책에서 두키치는 온종일 원을 그리며 도는 리더들과 A에서 B로, 그들이 원하는 결과를 얻으면서 직선으로 가는 리더들을 대조한다.

그가 주장하는 주된 전제는 우리는 모두 원하는 결과를 얻으려면 무엇을 해야 하는지 안다는 것이다. 그는 리더들에게 목표를 확실히 정하고, 그다음에는 그 목표를 이루는 데 필수적으로 요구되는 행동들을 목록으로 작성하라고 한다.

'필수적, 요구되는'이라는 단어들이 가지는 힘을 주목하자. 여기에는 다른 해석의 여지가 없다. 애매하게 굴거나 다른 선택들을 살피면서 빠져나갈 길은 없다. 그냥 필수적으로 요구되는 행동을 하는 것이다. 그것은 당신을 정신 차리게 만든다.

두샨 두키치는 강력한 리더십 코치로, 리더들에게 날카롭고 직설적인 질문을 던지면서 코칭을 시작한다.

우리는 두샨 두키치로부터 그가 사용하는 질문들을 여기에 공유해도 된다는 허락을 받았다. 당신은 자신이나 직원들에게 이 질문들을 던질 수 있을 것이다.

- 어떻게 하면 이 대화를 당신에게 놀랍도록 유용하게 만들 수 있을까?
- 당신은 남은 삶을 어떻게 사용하고 싶은가?
- 만약 당신이 두려움이 있든 없든 100%의 능력을 발휘할 수 있다면?
- 내게 부족한 것은 무엇인가.(내가 무엇이 잘못됐는지 알지 못하면 쓸모 있는 사람이 될 수 없다.)
- 당신이 상황에 다른 식으로 반응한다면 삶은 어떻게 될까?
- 이것은 어떤 면에서 유용한가?
- 정보가 너무 많은가?
- 당신은 이 일이 어떤 방향으로 진행되기를 바라는가?

- 당신은 이것을 성취함으로써 어떤 경험하기를 원하는가?
- 그것은 어떤 목적에 도움이 되나?
- 어떤 일들이 그 사실을 말해주는가?
- 그 일이 해결된다면 어떻게 될까?
- 당신이 지금 맡고 있는 일을 기반으로 무엇을 창조하고 싶은가?
- 우리에게 있는 합의안은 어떤 것인가?

악몽은 오직
자신의 머릿속에서만 존재한다

나는 양 한 마리가 이끄는 100마리의 사자보다
사자 한 마리가 이끄는 100마리의 양들이 더 두렵다.

− 탈레랑 −

어쩌면 우리에게는 뒤처진 일들을 다 따라잡고, 뒤엉킨 일들을 정리하고, 방해되는 일들을 처리해버릴 수 있는 단 반나절의 시간만 있으면 될지 모른다. 그러면 정돈된 마음으로 다음 주를 전혀 다른 삶처럼 새롭게 시작할 수 있을지 모른다.

하지만 여전히 당신은 회의적이다.

왜냐하면 반나절의 재정리할 시간을 절대 찾지 못할 것이라는 것을 알고 있기 때문이다. 그러므로 당신은 시간을 만들어야 한다. 승리자는 자신에게 정말 유익하고 중요한 일을 할 시간을 만들어낸다. 패자는 계속 시간을 찾으려고 애쓴다.

비관적인 리더가 "어제 들르지 못해 미안해요, 데이브. 어제는 완전 일에 파묻혔었어요."라고 말하는 것을 들으면, 그 일에 파묻힌 느낌은 현실이 된다. 하지만 일에 파묻혔다는 것은 그저 해석일 뿐이다.

그 사람이 5년 동안 독방에 갇혀 있다가 누군가 그에게 전화를 해서 활력이 넘치는 직업을 제안했다면 그는 이것을 '일에 파묻혔다고' 부를까? 그는 그 상황을 신나도록 바쁜 상태라고 부를 것이다. 그는 이것을 완전한 천국이라고 부를 것이다.

그렇다면 어떤 말이 맞을까? 일에 파묻힌 걸까? 신나도록 바쁜 것일까?

1년 전에 우리의 워크숍에 참석했던 한 여성은 이렇게 말했다.

"내 일은 완전한 악몽이에요. 그건 생지옥이에요. 내가 일을 하러 직장에 계속 간다는 사실마저도 내겐 놀라울 지경이에요. 그건 완전한 악몽이에요."

"그 악몽의 내용은 뭔가요?"

"음. 전화벨이 빗발치고, 다른 상사 두 명이 내게 할 일을 지시해요. 처리해야 할 서류는 이만큼 쌓여 있고 퇴근하고 집으로 갈 때는 스트레스가 가득 쌓여 있어요."

"좋아요. 만약 당신에게 남편이 죽은 지 2년이 되었고 쓰레기통을 뒤져서 먹고 살아야 했던 나이지리아 출신의 여성을 소개시켜준다면, 그녀에게 당신의 직업이 악몽이라고 설득시킬 수 있을 것 같나요? 그녀가 당신과 삶을 바꾸려고 할까요? 당신의 일이 그녀에게도 악몽일까요?"

"오, 아니오. 그녀에겐 악몽이 아닐 거예요. 그것은 엄청난 축복일 거예요."

"그럼 당신의 직업은 악몽이 맞나요? 악몽은 오직 당신의 머릿속에서만 악몽이에요. 그건 당신이 그렇게 지각하는 것일 뿐이에요. 원한다면 당신은 다른 것을 선택할 수 있어요. 당신은 다른 일을 선택하거나 아니면 다르게 지각하는 것을 선택할 수 있어요. 당신에게는 선택의 자유가 있어요."

직원들에게 자신의 생각을 반박하는 방법을 적극적으로 가르쳐야 한다. 우리가 자신의 생각에 의문을 제기할 때 우리는 더 높은 수준의 사고에 이를 수 있다. 우리가 자신의 생각에 의문을 제기할 만큼의 충분한 용기가 있다면 우리는 정말 놀라운 일들을 성취할 수 있다. 초보자들을 위해 자신에게 던질 수 있는 몇 가지 질문들을 소개한다.

"그것이 정말 진실일까? 내 상사는 정말로 나를 괴롭히려고 하는 걸까? 정말 그 일이 일어나고 있는 것이 맞을까? 내가 착각한 것은 아닐까? 이것이 정말 나쁜 기회일까? 이 상황을 해석할 더 유용한 방법은 무엇일까?"

우리는 사람들에게 모든 부정적인 생각들에 의문을 제기하도록 가르칠 수 있다.

또한 당신의 혼돈스러운 삶에 의문을 제기할 때 무자비해져야 한다. 완전한 통제력을 느낄 수 있도록 당신의 삶을 단순화하는 것이다.

| 16 |

말은 생각을 이루고 생각은 세상을 만든다

리더의 첫째 의무는 현실을 정의내리는 것이다.

— 맥스 드프리(비즈니스 컨설턴트이자 작가) —

언젠가 우리는 직원들의 사기저하 문제로 골머리를 앓고 있는 한 회사에서 다양한 팀의 리더들과 일을 한 적이 있었다. 그들의 직원들은 늘 투덜대고 피해자 마인드의 언어를 의기양양하게 쓰고 있었다. 하지만 우리가 리더들에게 팀 미팅에서 다른 말과 언어를 사용하기를 제시하자 모든 것들이 바뀌기 시작했다. 그들의 직원들은 더 주체적으로 일을 하기 시작했다.

직원들의 심리적인 변화가 일어난 뒤에 리더들은 직원회의를 할 때 칭찬할 만한 사람이 있는지 묻는 일로 회의를 열기 시작했다.

"지금 당장 칭찬을 해줄 사람이 있나요?"

"칭찬을 해주고 싶은 사람이 또 있나요?"

그러자 대화는 불평과 비판에서 칭찬으로 급선회되었다. 그리고 어느 순간 회의의 분위기가 확 바뀌었다. 문젯거리에 집중을 하고 거기에 빠져 있는 대신에 리더들은 이렇게 말하는 법을 배웠다.

"여러분 눈에는 어떤 가능성들이 보이나요?"

이 말을 많이 하는 것만으로도 "문제가 뭔가요? 우리가 헤쳐 나가야 할 일이 뭐죠? 누구 잘못인가요?"라고 묻던 때의 직원들의 낮은 사기와는 전혀 다른 활기가 생겨났다.

리더들이 "이 일에서 우리는 무엇을 얻을 수 있을까요?"라고 묻자 더 좋은 결과들이 빨리 나왔다.

"지난주는 모두에게 힘든 한 주였죠. 자 모여보세요. 우리가 그 일에서 무엇을 배울 수 있을까요? 우리는 어떤 새로운 방식을 적용할 수 있을까요? 그 일이 또 발생한다면 그것을 처리할 좋은 방법은 무엇일까요? 미래에 이 일을 다룰 때 어떻게 하면 재미있게 할 수 있을까요?"

리더들은 자신의 리더십 방식에서 피해자 언어를 빼냈다. 그들은 "우리가 원하는 것이 무엇이죠? 우리의 의도가 무엇이죠? 우리의 목표가 무엇이죠?"라고 질문하면서 더 강력한 리더가 되었다. 피해자 언어를 목적 지향적인 언어로 대체할 때마다 다른 결과들이 나왔다. 가장 극적인 변화들에는 다음과 같은 것들이 있었다.

1. 이직률이 줄어들었다.

2. 잦은 결석이 줄어들었다.
3. 사기가 증진되고 활기가 늘었다.
4. 생산성이 늘었다.

이 모든 결과들은 사용하는 말을 바꿈으로써 일어난 것이다.

말은 세상을 창조한다. 말은 생각을 이루고 생각은 세상을 만든다. 고대 기록에 "태초에 말이 있었다."라는 말이 적혀 있다. 여기에는 현대에 적용할 수 있는 많은 진실이 담겨 있다.

말은 일들이 이루어지게 한다. 당신이 하는 말에서 한 단어만 바꾸어도 어린아이를 죽을 만큼 겁먹게 할 수 있다. 무서운 단어 하나로 아이를 벌벌 떨고 울게 할 수 있다. 그 말을 정정하면 아이는 괜찮아진다. 말은 영상, 에너지, 감정, 가능성, 공포 등을 전달한다. 말은 당신의 직원도 겁줄 수 있다.

때로는 피해자 마인드를 가진 사람들도 리더가 되려고 노력한다. 하지만 그들은 리더가 될 수 없다. 그들은 그렇게 해야만 한다고 생각하기 때문이다. 하지만 리더십 정신은 그런 식으로 얻을 수 있는 것이 아니다. 그것은 우아한 정신이지 무거운 짐이 아니다.

"나는 더 리더다워야만 해."

이 말은 당신을 거기에 이르게 해줄 수는 없다.

피해자 마인드를 가진 사람들이 리더십에 관해 알게 되면 그들은 이렇게 말한다.

"있잖아요. 나는 정말로 더 리더다워야만 해요."

하지만 그들은 피해자의 언어를 더 늘린 것이다! 이 말은 그 사람을 더 깊은 피해자 마인드로 몰고 간다.

당신은 왜 더 리더다워야 하는가?

"글쎄요. 그러면 사람들이 나를 더 좋아할 것 같아요. 그들은 나를 더 인정해 줄 것이에요."

다른 사람들이 어떻게 생각하는가가 뭐가 중요한가? 당신이 원하는 것은 무엇인가?

리더십은 개인적인 목표를 바탕으로 하는 것이다. 삶의 중심에 분명한 목표가 있는 삶을 사는 것이 리더가 되는 길이다. 피해자 마인드에는 목표의식이 없다.

피해자 마인드는 맞닥뜨리게 되는 상황들과 다른 사람들의 의견에 휘둘리게 되는 것을 기초로 한다. 피해자 마인드를 가진 사람들은 다른 사람들이 어떻게 생각하느냐에 사로잡혀 있다.

"음. 내가 그렇게 하면 내 아내가 어떻게 생각할까? 내 아이들은 어떻게 생각할까? 내 상사는 어떻게 생각할까? 내가 차 안에서 노래 부르는 것을 사람들이 보면 어떻게 생각할까? 만약 누군가 내 차 바로 옆에 차를 세운다면, 그는 나를 어떻게 생각할까?"

온종일 다른 사람들이 어떻게 생각할까 하는 생각에 빠져 있는 것은 삶에 대한 당신의 열정을 잃는 가장 빠른 방법이다. 그것은 당신이 지금까지 자랑스러워했던 모든 성공을 가능하게 했던 근본 에너지를 잃게 만드는 가장 **빠른** 방법이다. 당신은 아이들은 그런 걱정을 하지 않는 것처럼 보인다는 것을 알 것이다. 대부분의 아이들은 자신이 정말 좋아하는 일에 빠져 있을 때에는 누군가 그들을 보고 있다는 것도 잊고 심지어 밖에 세상이 있다는 것조차 잊은 것처럼 보인다. 아이들은 완전히 몰입된 것이다. 훌륭한 리더들도 그와 똑같이 행동한다.

| 17 |
사람들은 훈장을 위해 목숨까지 바칠 수 있다

리더의 첫째 의무는 낙천주의자가 되는 것이다.
당신의 직원이 당신과 대화를 한 뒤에 기분이 어떠한가?
그는 희망에 차 있는가? 그렇지 않다면 당신은 리더가 아니다.

— 필드 마셜 몽고메리 —

아무도 기억하지 못한다. 모두가 그 사실을 잊은 것처럼 보인다. 하지만 긍정적 강화는 언제나 부정적인 비판을 능가한다.

왜 우리는 이 사실을 잊고 있을까?

우리는 문제들을 추적하고 또 그 문제를 만든 문제적 사람들을 비판하느라 너무 바쁘다. 이것이 대부분의 리더가 '리드'하는 방식이다.

하지만 이것은 단지 습관의 덫일 뿐이다. 모든 습관의 덫이 그러하듯 당신을 그 덫에서 빼내줄 사소한 행동들이 있다. 예를 들어 당신은 직원에게 이메일을 보내거나 전화를 걸기 전에 잠시 멈추어야 한다. 잠시 숨을 돌려야 한다. 당신은 직원들에게 어떤 작은 칭찬을 할지 결정해야 한다. 당신은 인간 행동을 움직이고 변화시키는 일에는 긍정적 강화가 강력한 힘을 발휘한다는 사실을 항상 알고 있어야 한다. 이 뜻밖의 사실은 여태까지 잘못된 점을 찾아 고치도록 훈련받아온 우리들을 끊임없이 놀라게 한다.

나폴레옹은 아주 놀라워하며 이런 말을 했다.

"내가 전쟁에 관해 배웠던 가장 놀라웠던 사실은 사람들은 훈장을 위해 목숨까지 바칠 수 있다는 것이다."

| 18 |

거절하는 법을
배워야 한다

다음 세기를 내다봤을 때,
미래의 리더들은 다른 사람들에게 힘을 부여하는 사람들일 것이다.

― 빌 게이츠 ―

자신의 삶을 주도할 힘을 빼앗긴 비극적인 삶은 그것을 바꾸지 않는 한 그 사람이 하는 일의 모든 측면에 영향을 미치게 될 것이다.

직원 티나가 당신에게 업무 보고를 한다고 가정하자. 그녀가 당신에게 보고하는 내용 중 하나는 그녀가 스트레스를 받고 있고 자신의 일을 모두 해낼 능력이 없다는 것이다.

티나와 그녀의 직장생활에 대해 긴 대화를 나누고 나자 그녀에게는 어떤 목표나 계획, 헌신하는 대상도 없다는 것이 분명해졌다. 사람들이 티나의 시간을 마음껏 낭비하는 것도 놀라운 일이 아니다. 심지어 티나가 좋아하지도 않는 사람들이 그녀의 시간을 빼앗고 있었다. 그녀는 단지 어떤 것에도 Yes라고 하지 않았기 때문에 다른 사람들에게 No라고 말하지 못하는 것이었다.

리더로서 당신은 그녀에게 이렇게 말할 것이다.

"계획하고 목표를 세우는 일의 가장 유용한 점은 그것이 당신이 자신을 삶을 살 수 있도록 해준다는 점입니다. 그것은 당신에게 책임감을 가지게 합니다. 그것은 당신이 가장 중요하게 여기는 일에 집중하게 해줍니다. 그러면 당신은 유명한 브로드웨이 노래 '나는 거절을 못 하는 소녀랍니다.'를 흥얼거리면서 다니지 않게 되겠지요."

당신은 그 노래를 그녀에게 불러주기 시작한다. 티나는 그만하라고 사정한다.

"좋아요. 이것을 어떻게 바꾸죠?"

티나가 당신에게 묻는다.

"어떻게 거절하는 법을 배우죠?"

"다음과 같은 질문들을 자신에게 물어보세요. '어떤 일들이 내게 가장 중요하지? 그 일들을 하는 데 얼마나 많은 시간을 투자해야 하지? 어떤 사람들이 내게 가장 중요하지? 그들에게 얼마나 많은 시간을 줄까?'"

우리는 티나처럼 방해받는 일들이 많은 산만한 삶을 살고 있는 직장인들로부터 많은 불평을 들어왔다. 그들은 마치 수천 개의 사소한 방해거리들 때문에 죽어가는 것 같다. 그들은 다른 사람들의 요구 때문에 끊임없이 에너지를 빼앗기는 삶을 살고 있다. 온종일 사람들이 머리를 들이밀고 이렇게 말한다.

"시간 좀 있어요? 시간 좀 있어요?"

고개를 들이미는 사람들 앞에 문을 쾅 닫아버려야 한다.

당신이 거절하는 법을 배우지 못하면 고개를 들이밀고 끊임없이 말을 거는 사람들로부터 벗어날 수 없을 것이다.

일단 당신이 거절하는 법을 배우고 나면 그것을 직원들에게도 가르칠 것이다. 그것을 명예로운 일로 만들어야 한다. 직원들이 일에 얼마나 집중할 수 있게 되는가는 '거절 근육'이라는 잘 사용하지 않은 근육을 발달시키려는 그들의 의지에 달려 있다.

그들이 이 근육을 한 번도 사용하지 않았다면 막상 일이 닥쳤을 때 근육은 힘을 발휘하지 못할 것이다. 근육이 너무 약해서 힘을 쓰지 못할 것이다. 그에게 동료나 친척이 어떤 요청을 하더라도 그를 하던 일에서 쉽게 끌어낼 수 있을 것이다.

직원들이 '거절 근육'을 발달시키도록 가르치는 일의 중요한 열쇠는 먼저 '승낙 근육'을 발달시키도록 하는 것이다. 만약 그들이 자신에게 중요한 일들을 먼저 승낙한다면 그들은 중요하지 않은 일들을 거절하는 것이 점점 더 쉬워질 것이다. 그들이 자신이 원하는 것을 말로 표현하도록 도와야 한다. 그들이 그것을 소리 내어 말하게 하는 것이다.

"티나. 당신은 자신이 무엇을 원하는지를 알 필요가 있어요. 그것을 미리 알고 있으면 당신은 그것을 갖게 될 거예요. 당신이 더 좋은 것에 이미 승낙을 했다면 다른 것을 거절하는 것은 쉬워요."

고객을 가장 절친한 친구로 여겨야 한다

보스는 단 한 사람, 고객뿐이다.

― 샘 월튼(월마트 창립자) ―

고객은 우리가 버는 모든 돈과 우리가 가진 모든 것들이 나오는 근원이다. 우리에게 월급을 주는 것은 회사가 아니다. 고객이다. 회사는 그저 고객의 돈을 우리에게 전달할 뿐이다. 우리가 휴가를 갈 때 고객이 휴가비용을 댔다는 사실을 깨닫는 것은 중요하다. 우리가 자녀를 대학에 보낼 수 있는 것도 우리 고객의 돈 덕분이다!

샘 월튼은 언제나 보스는 하나, 고객뿐이라는 사실을 명심하면서 그의 월마트 왕국을 건설했다.

"고객은 회사에 있는 모든 사람들을 해고할 수 있습니다."

월튼은 이렇게 말했다.

"회장에서부터 말단직원까지. 단지 돈을 다른 데 쓰는 것만으로요."

우리 직원들도 그렇게 동기를 부여하는 것은 어떨까? 우리 직원들에게 고객을 응대할 때 진실하고 진정한 친구처럼 대하는 기쁨을 보여주는 것은 어떨까? 결국 그것은 우리 회사의 강력한 경쟁무기가 될 것이다.

리더가 직원들에게 그렇게 하도록 격려하지 않는다면, 고객들은 우리 회사의 레이더망에서 떨어져 나가게 된다. 우리가 직원들에게 행동을 자극하고 변화를 격려하는 질문들을 던지지 않는다면 고객은 직원들에게 '귀찮은 대상' 또는 '필요악'이 되어버릴 수도 있다.

우리는 직원들과 유대감을 형성하고 싶은 마음에 너무 자주 직원들이 말하는 끔찍한 이야기들을 동정하고 측은히 여긴다. 고객을 즐겁게 하는 일이 얼마나 힘들고 고객들은 그들을 어떻게 이용해 먹는지, 온종일 전화벨이 울려 대서 얼마나 바쁜지, 우리는 그들의 말에 동의한다. 그렇게 동의함으로써 우리는 자신도 모르게 직원들이 고객들을 건성으로 쌀쌀맞게 대하고, 아주 불친절하게 대할 씨앗을 심는다.

이것은 우리 회사 전체의 성공을 방해한다! 더 자세히 들여다보면, 이것은 간접적으로 우리 회사의 모든 문제들의 근본 원인이 된다.

당신 사업의 최종 목표는 고객을 만족시켜서 그들이 당신의 회사로 계속 찾아오고 매번 더 많이 구매하는 습관을 만들게 하는 것이다. 하지만 그것은 오직 직원들이 의식적으로 고객들과 좋은 관계를 맺으려고 할 때 가능하다.

직원들이 회사를 대표해서 적극적이고 의식적으로, 창의적이면서도 영리하게, 전략적이고 능숙하게, 부드러운 방식으로 고객들과 좋은 관계를 맺으려고 할 때 가능하다.

친밀한 관계를 형성하는 것은 쉬운 일이 아니다. 그것은 우리의 뿌리 깊은 습관과 상충되는 것이다. 당신의 직원들이 고객을 '귀찮은 대상…… 막 점심을 먹으려는데 방해하는 사람…… 내 하루의 골칫거리…… 뭔가를 반품하려는 사람…… 수년간 쌓은 내 경력을 망치려는 사람, 어떤 얼간이…… 어떤 멍청이…….'로 본다면 그런 일은 절대 일어날 수 없다.

고객에 대한 그런 식의 무례나 경멸이 직원들에게 자리 잡는 이유는 다른 태도를 심어줄 지속적인 격려가 부족하기 때문이다. 달리 말하면 리더십의 부족 때문이다. 달리 말하면 우리, 리더들의 탓이다.

고객들에 대한 직원들의 나쁜 태도는 언제나 상부에서부터 미묘한 방식으로 내려온다. 리더들이 풍토를 만든다.

리더가 직원들이 마음에서 우러나와 활동하게 할 적절한 질문을 하느냐 하지 않으냐에 따라 분위기가 바뀐다.

만약 내가 리더라면 나는 내 직원들의 지성을 존중하는 질문들을 던질 것이다. 나는 그들이 마치 심리학의 대가들인 것처럼 대할 것이다. 마치 그들이 고객행동과 고객사고 패턴의 전문가인 것처럼. 왜냐하면 실제로 그들은 그러하니까.

나는 직원들에게 어떻게 하면 고객과 더 많은 신뢰를 형성할 수 있을지 물어볼 것이다.

나는 어떻게 하면 단순한 전화 한 통이 고객이 우리 회사에 호감을 느끼고 가격이 얼마든지 간에 물건을 사고 싶어 하게 만들 따뜻한 관계로 전환될 수 있을지 물을 것이다.

나는 어떻게 하면 영업사원들이 고객의 신뢰를 얻고 거래를 계속하게 만들 수 있을지 물을 것이다.

나는 내 직원들에게 고객심리에 관한 조언과 도움을 구할 것이다.

나는 내 회사의 영업팀장들이 단 한 번의 거래가 아니라 평생의 고객을 만든다는 방향으로 생각하도록 동기 부여할 질문을 던질 것이다.

마지막으로, 나는 너무 터프한 척하거나 너무 일적으로만 굴지 않을 것이다. 또한 고객들을 어떻게 더 잘 대할까 하는 질문을 던지는 와중에 가끔씩 '친구처럼'이라는 말을 사용하는 것을 사람들이 어떻게 생각할까 두려워하지는 않을 것이다. 우리가 정말로 고객을 소중한 친구처럼 대한다면 어떻게 될까?

왜 '친구'라는 말은 비즈니스 세계의 인간관계에서는 그렇게 드문 말일까? 친구는 고객보다 정말로 더 나은가? 당신의 절친한 친구는 당신과 맥주를 한잔 마신 뒤에 수표책을 꺼내서 "이거 자네 딸의 치과비용에 보태게."라고 말하는가?

고객은 그렇게 한다.

가장 활력과 재치가 넘치는 상태에서 처리해야 한다

생각할 때는 너무 어렵게 느껴지는 것도 직접 해보면 아주 쉽다.

— 로버트 피어시그(작가이자 철학자) —

당신의 프라임타임을 가장 도전적인 일에 쓰는 것은 아주 중요하다. 물론 늘 그렇게 할 수 있는 것은 아니다. 때로 도전적인 일들은 예상치 못하게 나타나서 당신의 스케줄에 구멍을 뚫어놓는 일이 다반사니까.

하지만 가능하다면 큰일이나 중요한 미팅을 당신이 생물학적으로(감정적, 육체적, 정신적으로) 최상의 컨디션이 되는 시간에 맞추어야 한다.

많은 사람들은 이른 아침 몇 시간이 최상의 컨디션이다. 또 어떤 사람들은 늦은 아침시간이 최상의 컨디션이 된다. 또 다른 사람들은 오후가 프라임타임이다.

언제가 되었든 당신이 가장 빛날 수 있는 프라임타임을 사소하고 보상이 적은 일들에 허비해서는 안 된다. 그 활력과 절정의 집중력을 당신이 이제껏 미루어왔던 가장 도전적인 일에 사용해야 한다.

대부분의 사람들은 즐거움과 행복을 혼동한다.

우리는 가장 활력이 넘치는 시간을 사소한 과제들을 하는 데 써버린다. 우리는 처리해야 할 사소한 일들을 능숙하고 즐겁게 다루면서 엄청난 에너지와 명랑한 기분으로 확 해치워버린다. 하지만 그러는 사이 큰일이 숨어서 기다리고 있다. 완전히 집중하기에는 너무 피곤하고 짜증스러워질 때쯤에야 그 큰일이 모습을 드러낸다. 그 일이 그렇게 자주 미루어지는 이유는 바로 이 때문이다.

당신의 가장 큰 도전과제가 무엇인지 미리 알아야 한다. 그리고 그 일을 가장 활력이 넘치고 재치가 넘치는 상태에서 처리하도록 스케줄을 짜야 한다. 이것이 리더가 일하는 행복을 얻는 궁극적 원천이다. 당신이 큰일을 처리하면서 얻는 성취감 말이다!

그러면 당신의 얼굴 표정만으로도 당신을 따르는 사람들에게 동기부여가 될 것이다.

3장

열정 없이 이루어진 것은 아무것도 없다

빛나라.

반짝거려라.

자신을 더 열광적으로 만들어라.

그보다 더 높은 수준으로 올려라.

자신이 열정적인 모습을

연기하고 있다는 것을 기억해야 한다.

당신은 배우이다. 훌륭한 배우이다.

강한 인상을 남겨야 한다.

| 1 |
자질을 가르는 것은 10분의 활용능력이다

우리는 시간과 스케줄에 쫓겨서 삶의 매순간이 기적이고
신비라는 사실을 놓쳐서는 안 된다.

– H.G.웰스 –

    현대 철학자 윌리엄 어윈은 효과적인 리더십이 뭐라고 생각하느냐의 질문에 이렇게 답했다.

    "10분을 현명하게 사용하도록 하세요. 그것은 당신에게 엄청난 이득을 줄 것입니다."

    종종 훌륭한 리더와 형편없는 리더를 가르는 것은 단지 10분을 잘 사용하는 능력이다.

    우리 사무실 벽에 붙여놓은 이 어윈의 인용구는, '어윈의 인용구를 잘 보이는 곳에 붙여놓는 것이 정말 도움이 된다.'는 사실을 상기시켜준다. 그렇게 하는 것은 당신이 자신의 가능성에 눈뜨게 해주는 방법이다.

그것은 당신이 자신의 가능성에 눈뜨게 해주는 역할을 한다. 특히 다음 약속 전에 단 10분의 여유가 있을 때, 그 10분을 잘 사용할 것인가 아니면 그냥 시간을 죽일 것인가?

최근에 아주 성공한 사업가의 사무실을 방문한 적이 있었다. 우리는 그 방문에서 그의 책상 뒤쪽 벽에 붙여진 다음의 단어들을 발견하고 더욱 감동을 받았다. 이것 역시 10분을 잘 사용하는 훌륭한 방법이기도 하다.

가장 중요한 단어들

가장 중요한 단어 5개: I am proud of you!(당신이 자랑스러워요!)
가장 중요한 단어 4개: What is your opinion?(당신은 어떻게 생각하나요?)
가장 중요한 단어 3개: If you please.(괜찮으시다면…… 해주시겠어요?)
가장 중요한 단어 2개: Thank you.(감사합니다.)
가장 중요한 단어 1개: You.(당신.)

때로는 우리가 시간이 없어서 발휘하지 못했던 그 강력한 리더십 기술을 다음 10분의 기회를 이용해 제대로 발휘할 수도 있다.

| 2 |
우리가 지각하는 내용은 우리의 행동을 좌우한다

위대한 업적은 자신의 내부의 무언가가 자신이 처한 상황보다
우월하다고 믿는 사람들에 의해서만 성취돼 왔다.

– 브루스 바튼(20년대 미국 광고의 황금시대를 대표하는 스타 광고인) –

훌륭한 리더는 모든 상황을 반갑게 맞이한다.

영감을 주지 못하고 동기 부여를 하지 못하는 리더들은 사실 예상치 못한 상황들이 발생했을 때 부정적으로 반응하고 따라서 직원들의 의욕을 꺾는다.

모든 상황을 반길 수 있으려면 지각되는 것과 진짜 상황의 차이를 이해하는 것이 중요하다. 이 둘 사이에는 엄청난 차이가 있다. 지각은 사람이 특정한 행동을 하게 만드는 동력이 된다.

당신이 뱀을 무서워한다고 가정해보자. 당신은 뱀을 좋아하지 않는

다. 뱀이 소름끼친다고 생각한다. 당신은 뱀이 위험하다고 믿고, 따라서 뱀을 전혀 좋아하지 않는다. 당신은 집에 뱀이 들어오는 것을 원하지 않는다. 그런데 어느 날 뱀 한 마리가 당신의 집으로 들어왔다.

당신이 어떻게 행동하는지를 잘 보자. 당신의 행동과 생각들을 잘 보아야 한다.

당신은 겁에 질려 당황하고 허둥지둥 기어올라 창문 밖으로 기어나간다. 911(응급전화번호)에 전화를 걸고, 소리를 지르고, 심장이 쿵쾅대는 것을 느낀다. 뱀이 집으로 들어왔을 때 하는 일반적인 행동이라는 제목의 비디오에 들어 있을 모든 행동들을 다한다.

이번에는 당신이 생물학자이고, 특히 뱀 전문가이며, 뱀은 당신이 가장 즐겁게 다루는 분야라고 상상해보자.

당신은 뱀에 대해 공부를 했고, 뱀들과 함께 실험실에서 일했고, 뱀 사육농장에 가보기도 했다. 이제 당신은 거실에 앉아 있다가 뱀 한 마리가 집으로 들어오는 것을 발견한다.

당신은 뱀에 대해 잘 알기 때문에 이 뱀이 전혀 위험하지 않다는 것을 안다. 또한 뱀의 종류도 곧장 식별해 낸다. 이제 당신은 이 뱀을 보면서 사실상 기쁨으로 얼굴이 환해진다. 당신은 이렇게 생각한다.

'오 세상에. 저것 좀 봐. 얼마나 아름다운 녀석인지.'

당신은 뱀에 대해 잘 알기 때문에 뱀이 먹을 것을 준비할 수도 있다. 이 뱀이 어떤 것을 좋아하는지를 알기 때문이다. 당신은 이럴 경우를 대비해서 준비한 작은 우리 안으로 뱀을 유인한다. 뱀은 당신을 향해 기어오고 당신은 뱀을 손으로 들어 올리고 감탄하면서 이렇게 말한다.

"아이고. 얼마나 예쁜 녀석인지. 얼마나 귀엽고 작은 녀석인지."

뱀에 반응하는 이 두 가지 전혀 다른 방식들을 보자. 여기서 문제의 상황은 '뱀이 집으로 들어온다.'라는 것에 주목하는 것이다.

그것이 상황이다. 상황 자체는 당신에게서 특정한 반응이나 행동을 직접적으로 일으키지는 않는다. 오직 지각만이 그렇게 할 수 있다.

우리의 삶에는 불경기, 구조조정, 실직, 낮은 실적, 이혼, 궂은 날씨 등과 같은 상황들이 있다. 온갖 종류의 상황들이 일어난다. 하지만 우리가 특정하게 행동하고 느끼는 것은 그 상황 때문이 아니라 상황을 바라보는 우리의 지각 때문이다.

뱀을 목격했던 첫 번째 사람은 자신의 지각을 기반으로 해서 공포에 질렸다. 그는 뱀을 위험물로 지각한 것이다. 두 번째 사람, 생물학자의 경우, 그가 지각한 것은 뱀은 매력적이고 환영할 동물이라는 것이었다.

좋은 소식은 우리는 자신의 지각을 바꿀 수 있다는 것이다. 나는 내 지각을 통제할 수 있다. 상황과는 상관없이 말이다. 나는 회사 내에서 일어나는 작은 변화들에 대한 내 지각을 의식적으로 바꿀 수도 있다. 그리고 내 직원들도 똑같이 하도록 도와줄 수 있다.

나는 불경기가 우울한 일이라고 생각할 수 있다. 하지만 나는 내 믿음과 생각들에 도전할 수 있다. 불경기 또는 편안함을 위협하는 다른 상황들에서 찾을 수 있는 이점은 내가 그 상황에 대응하기 위해서 날아오른다는 것이다. 마치 바람을 타고 날아오르는 연처럼.

만약 반대편에서 불어오는 바람이 없다면 연은 날 수 없다. 만약 내게 도전이 되는 일이 하나도 없다면 나는 더 강해질 수 없다. 나는 성장할 수 없다. 만약 팔운동을 하는데 운동기구에 무게가 하나도 없다면 팔은 근육을 키울 수 없다. 따라서 내가 지금 불경기라고 부르는, 내가 나쁜 것이라고 꼬리표를 단 이것에 나는 좋은 것이라고 이름 붙이기로 선택할 수 있다.

우리가 지각하는 내용은 우리의 행동을 좌우한다. 지각은 느낌을 좌우한다. 지각은 사고방식을 아주 창의적인 방향으로 몰아갈 수도 있고, 자기 연민에 빠지거나 자기 파괴적인 생각에 빠지게 만들 수도 있다. 자기 파괴적인 사고방식은 공포의 지각에서 나온다. 나는 내가 원할 때면 언제든지 지각을 바꿀 수 있다. 이것은 창의성의 궁극이다.

| 3 |

리더십은 다른 사람의 마음을 헤아리는 인간 행동이다

갈수록 마음이 상냥해지고, 피는 따뜻해지고, 뇌는 더 빨라지고,
영혼은 생생한 평화를 찾게 되는 사람은 인생에서 발전하기만 할 뿐이다.

− 존 루스킨(작가이자 철학자) −

탁월한 리더들이나 크게 성공한 세일즈맨들은 자신이 하는 모든 활동들을 경영이나 영업의 개념으로 하는 것이 아니라 매일 매일 사람들과 돈독한 관계를 쌓는다는 개념으로 한다.

그들은 항상 사람들과의 관계를 중심으로 생각한다.

어떻게 하면 이 관계를 더 좋게 할 수 있을까?

어떻게 하면 그들에게 봉사할 수 있을까?

어떻게 하면 오늘 그들의 삶에 기여할 수 있을까?

어떻게 하면 그들에게 내가 헌신하고 있다는 것을 보여줄 수 있을까?

어떻게 하면 그들을 더 행복하게 해줄 수 있을까?

어떻게 하면 그들이 이 정보를 더 쉽게 접할 수 있을까?

이런 식으로 그들이 맺는 인간관계에서 우호적인 면이 지속적으로 커진다. 진정한 리더는 의사소통을 통해 모든 문제가 풀린다는 것을 안다. 회피하는 것은 모든 문제를 악화시킨다.

직원과의 어떠한 합의도 대화를 통하지 않고 이루어질 수는 없다. 그러니 대화를 중요시해야 한다. 오늘 직원들과 많은 대화를 나누고 그들을 편안하고 마음이 따뜻해지게 만들어야 한다. 그들 모두가 당신을 도와 당신이 원하는 궁극적인 목표를 이루도록 해야 한다.

리더십 코치의 거장, 랜스 세크리탄은 리더십에 관한 책을 13권이나 썼다. 그가 리더십에 관해 발견한 통찰들은 이렇게 요약할 수 있다.

"리더십은 테크닉이나 방법에 대한 것이라기보다는 마음을 여는 일이다. 리더십은 영감을 불러일으키는 것이다. 나 자신과 다른 사람들 모두에게. 리더십은 절차적인 문제가 아니라 인간의 경험에 관한 것이다. 리더십은 공식이나 프로그램이 아니다. 그것은 마음에서 우러나오는, 다른 사람의 마음을 헤아리는 인간 행동이다."

| 4 |
미완성된 일들이 의미하는 것은 에너지 유출이다

미완성된 일을 영원히 붙들고 있는 것만큼 지치는 일도 없다.
- 윌리엄 제임스 -

만약 직원들이 점점 활력이 떨어지고 지쳐간다면, 이전의 미완성된 일들을 완성하는 방향으로 행동하도록 도와주는 것이 필요하다.

우리는 피닉스에서 셰릴 리처드슨이 '코치 U' 강의하는 것을 들으러 간 적이 있었다. 그때는 우리가 그런 강의들에 처음 참석한 때였다. 우리는 그녀에 대한 사전지식이 없었고 '코치 U'에 대해서도 전혀 몰랐다. 하지만 우리는 그 강의를 들으러 갔다.

리처드슨은 자리에서 일어나 청중 모두에게 이렇게 말했다.

"당신의 삶에서 미완성으로 남아 있지만 처리해야 하는 일들 톱 10을 떠올릴 수 있나요? 그 목록을 만들 수 있나요?"

불본 못 할 사람늘은 없었다. 그래서 우리는 목록을 만들었다. 그러자 그녀는 자신이 한 고객을 코치했던 이야기를 들려주었다. 한 마사지 치료사가 그녀를 보러 왔고, 그녀는 그에게 물었다.

"무엇이 문제인가요?"

마사지 치료사는 이렇게 말했다.

"손님을 더 늘려야 해요."

그녀가 말했다.

"좋아요. 그럼 당신의 삶에서 미완성된 일들 중 가장 중요한 열 가지를 적으세요."

그는 그것들을 종이에 적었다.

그러자 그녀가 말했다.

"이젠 이 일들을 완성하는 일에 전념하세요."

그 마사지 치료사는 이렇게 말했다.

"좋아요. 하지만 내가 여기에 온 이유는 그게 아니에요. 나는 손님이 더 필요해서 온 것이에요."

셰릴 리처드슨은 이렇게 말했다.

"알아요. 그러니 이 일을 하세요. 그럼 더 많은 손님을 받게 될 거예요."

그러자 그는 이렇게 대답했다.

"뭐라고요. 이건 손님을 더 받는 일과는 전혀 상관이 없는데요."

셰릴이 설명했다.

"사실 당신의 삶에서 미완성으로 남아 있는 모든 일들은 당신 삶의 에너지를 빨아들이고 있어요. 나는 그것을 '에너지 유출(energy drain)'이라고 부르지요. 그것이 당신이 손님을 더 많이 받는 일을 막고 있어요."

"음. 전혀 이해가 안 되는데요."

셰릴이 말했다.

"나는 이 일로 먹고살아요! 나는 똑같은 고민을 가진 사람들을 상담해 왔어요. 이걸 해볼 생각이 있나요? 만약 없다면 이 상담은 소용없을 것 같군요."

"음. 알았어요. 할게요. 어쨌든 이 일들은 해야 하는 것이니까요."

그래서 그는 다음 약속 때까지 미완성된 일 10개 중 3개를 하기로 약속했다.

다음 주 그는 보고를 하러 와서 이렇게 말했다.

"숙제를 다 했어요."

그러자 셰릴이 물었다.

"변화가 있었나요?"

"놀라웠어요! 첫 번째 주가 끝나기도 전에 난데없이 새 손님이 3명이나 전화를 해서 약속을 잡았어요."

셰릴이 말했다.

"이 방법은 그런 식으로 작용하지요."

우리는 그 강의를 절대 잊지 못했다. 이후로 우리는 그것을 사람들에게 가르쳤다. 사람들은 단지 미완성된 일들만 가지고 있는 것이 아니다. 미완성된 일들이 잠재적으로 의미하는 것은 에너지 유출(energy drain)이다.

그것은 사람들의 생산성과 활력을 빠져나가게 한다.

사람들이 그런 미완성된 일들을 처리하도록 도와야 한다. 그러면 당신은 그들의 넘치는 의욕을 발견하고 놀라게 될 것이다.

| 5 |

긍정적일 때 영혼과 활력에 플러스를 더한다

우리는 우리가 얻는 것들로 생계를 꾸리지만,
우리가 세상에 무엇을 주느냐가 우리의 삶을 결정짓는다.

− 윈스턴 처칠 −

당신의 삶을 하나의 수학공식이라고 생각하면 당신은 사람들에게 동기를 부여하는 일을 정말로 즐길 수 있을 것이다. 우리는 좋은 친구이자 회사 CEO인 듀안 블랙이 회사 팀장과 부장들 앞에서 두 개의 차트를 세워놓고 이 공식을 푸는 것을 처음 보았다.

그때 우리는 이 공식이 흥미로울 뿐만 아니라 유익하다는 것을 알 수 있었다.

그 공식은 다음과 같다

당신이 긍정적인 상태일 때 수학기호 플러스(+)를 떠올린다. 당신은 당신이 참여하는 어떤 대화나 모임에 무언가를 더한다. 이것이 긍정적인 상태가 하는 일이다. 긍정적인 상태는 플러스를 한다.

당신이 부정적일 때(−) 당신은 당신이 참여하는 대화나 모임, 인간관계에서 무엇인가를 뺀다. 만약 당신이 부정적이었던 적이 아주 많다면, 당신은 그 관계에서 마이너스를 너무 많이 해서 그 관계에는 더 이상 남아 있는 것이 없다. 이것은 간단한 수학문제이다. 이것은 삶의 차트에 그려진 우주의 법칙이다. 긍정은 더하고 부정은 뺀다.

수학공식에서처럼 당신이 부정적인 것을 하나 더하면 전체를 줄이게 된다. 부정적인 사람을 한 팀에 넣으면 그 팀의 사기가 떨어지고 활기가 줄어든다. 따라서 생산성과 이익도 줄어든다.

당신이 미래를 긍정적으로 바라보고 직원들을 긍정적으로 생각하는 리더일 때 당신은 당신과 대화를 나누는 모든 사람들에게 뭔가를 더한다. 당신은 뭔가 가치 있는 것을 모든 대화에 가져온다. 심지어 긍정적인 이메일이나 음성메시지도 받는 사람의 삶에 뭔가를 더한다. 왜냐하면 긍정적인 것(+)은 항상 무언가를 더하기 때문이다.

이 공식은 사실 우리의 삶에 더 깊은 영향을 미친다. 내면적으로 깊은 삶의 경험을 하는 데 도움이 된다. 만약 당신이 온종일 긍정적인 생각들을 했다면 당신은 자신의 삶에 대한 깊은 내적 경험을 더 늘리게 된다.

긍정적인 생각을 할 때마다 당신은 자신의 영혼과 활력에 플러스를 하나 한다. 당신의 부정적인 생각들은 살아 있는 경험을 깎아내린다. 그것들은 당신의 생기를 훔쳐간다.
 자신에게 이렇게 말해보자.

 나는 이 공식이 마음에 들어. 이 공식의 단순함이 좋아. 나는 이제 하루를 보내면서 늘 이 계산을 할 수 있어. 내가 직원들이나 내가 해야 할 일들에 대해 부정적으로 생각하고 있다면 나는 이때가 잠시 숨을 돌리고 마음을 가다듬고 생기를 되찾을 때라는 것을 알아. 그때는 타임아웃을 외치고 눈을 감고 긴장을 풀고 내 목표와 임무를 떠올릴 때야. 속도를 늦추고 활기를 불어넣을 때야. 나는 하루 동안 이와 같은 짧은 휴식을 많이 취할 거야. 이 연습은 내 삶을 더 나아지게 만들고 있어. 이것은 나를 그 어느 때보다도 더 강인하고 에너지가 넘치도록 만들어주고 있어.

 당신 자신이 강인해지고 에너지가 넘치면 다른 사람들은 자연스럽게 의욕이 고취된다. 카를로스 카스타네다는 말했다.
 "우리는 우리 자신을 비참하게 만들거나 강인하게 만들 수 있다. 다만 일의 양은 똑같다."

| 6 |

참여의 본질은
멋진 경험을 하려는 개인적 헌신이다

선택의 수순을 결정하는 것은 자신의 삶에 책임을 지고
자신의 삶을 주도하게 된다는 뜻이다.

— 아비 M. 데일(작가이자 심리학자) —

주체적으로 행동하는 리더들은 회사나 상위 경영진의 희생자인 것처럼 행동하는 리더들에 비해 직원들에게 동기 부여를 하는 것이 훨씬 더 효과적이다.

그들은 선택의 단계에서 살아남기 위해 의식적인 결정을 내렸기 때문이다. 그들은 온종일 "할게."라고 말한다. 그들은 항상 이렇게 말한다.

"나도 끼워줘요. 동참할게요."

선택하는 삶을 사는 리더들이 "끼워줘요."라고 말하는 이유는 그들이 비위를 맞추고 아첨하는 사람들이어서가 아니다. 사실 그들에게는 자신이 일하는 회사가 어디인지도 별로 중요치 않다! 그들은 전력을 다해 일하려고 한다. 왜냐하면 그것이 삶을 더 흥미롭게 만들고, 자신이 하는 일을 더 가치 있는 경험으로 만들고, 또 그렇게 하는 것이 더 재미있기 때문이다.

야유회에서 하는 배구게임이든 회사의 최대 프로젝트이든, 그 일에 참여하고 열심히 활동하는 것은 즐거운 일이다.

회사가 모든 직원들에게 실험적으로 각자의 부서가 아닌 다른 팀을 짜서 들어가도록 지시했다고 가정해보자. 이때 피해자 마인드의 리더는 이렇게 말할 것이다.

"한번 두고 보겠어. 우리한테 던져놓은 이 새로운 짓거리는 뭐지? 밥벌이로 일을 하는 것도 모자라서 이런 게임들에 참여해야 하다니. 이 낯간지럽고 감상적인 팀 따윈 또 뭐람? 나는 아직은 이것을 인정할 수 없어. 한번 두고 봐야지. 5년이나 갈까 몰라."

반면 주체적인 리더는 이렇게 말한다.

"좋아. 나는 이것을 판단하지 않겠어. 그건 정신적인 에너지 소모니까. 나는 이것을 인정할 거야. 왜냐고? 회사는 그럴 대우를 받을 자격이 있으니까? 아니, 나는 이 일이 가치가 있는지 없는지는 신경 쓰지 않아. 나는 이 일이 내게 더 많은 활력을 주고, 또 회사에서 일하는 것을 더 재미있게 만들 거라는 것을 알기 때문이야. 또한 나는 직장에서 행복할 자격이 있고 이런 일들에 참여하는 것이 경험상 도움이 된다는 것을 아니까."

진정한 리더십은 참여의 정신을 격려한다. 회사가 제안하는 일이 참여할 가치가 있는가 하는 문제와는 상관없다. 참여의 본질은 삶에서 멋진 경험을 하려는 개인적 헌신이다. 진정한 리더는 자신의 회사를 잘 대해주어야 하는 대상으로 의인화하지 않는다.

당신은 정신건강의 상징이 될 것이다. 사람들이 당신 안의 활력을 볼 때 그들은 그것을 긍정적인 본보기로 보고 자신들도 그렇게 살아보고 싶은 의욕이 생긴다. 그들은 그 방식이 효과가 있다는 것을 당신을 통해 볼 수 있다. 스포츠에서는 때로는 이 정신의 가치를 인정하는 것이 더 쉽다.

운동선수가 "나는 내가 마이너리그에서 뛰든 메이저리그에서 뛰든 상관하지 않아요. 내 관심은 내가 경기를 하면서 전력을 다할 수 있는가 하는 것이에요."라고 말하는 것은 분명 타당한 것처럼 보인다. 하지만 회사에서는 그런 태도를 취하는 일이 아주 드물다. 주체적으로 행동하는 리더들은 드물다.

진정한 리더들은 회사가 그들의 생각을 따라잡기를 기다리지 않는다. 그들은 앞장선다. 그들은 회사가 좋은 길을 제시하기를 기다리지 않는다. 어떤 회사도 훌륭한 개인을 따라잡을 수는 없을 것이다. 훌륭한 개인은 언제나 회사 전체보다도 더 창의적이다.

마틴 루터 킹 목사는 이렇게 말했다.

"만약 한 남자가 거리 청소부의 소명을 받았다면, 그는 미켈란젤로가 그림을 그리듯, 베토벤이 곡을 쓰듯, 셰익스피어가 시를 쓰듯 거리를 쓸어야 한다."

| 7 |
위대한 삶의 두 가지 원칙은 집중과 이완뿐이다

겁에 질린 선장은 선원들을 겁에 질리게 만든다.

- 리스터 싱클레어(극작가이자 방송인) -

훌륭한 음악 교사이자 예술가들에게 영감을 불어넣는 지도자, 로드니 메르카도 교수는 성공을 이루는 간단한 비법을 가지고 있었다. 그는 이렇게 말했다.

"훌륭한 음악을 연주하거나 위대한 삶을 살려고 할 때 필요한 단 두 가지 원칙이 있습니다. 집중과 이완! 그것뿐입니다. 바로 그것들입니다."

회사의 CEO가 연단에 올라 써온 글을 불안하게 읽거나, 짧고 긴장된 연설을 해서 모두를 김새게 하는 집회나 총회를 수없이 많이 보았을 것이다. 한 큰 은행의 CEO가 연례 총회에서 200명의 고위간부들에게 연설을 한 것을 본 적이 있었다. 연설이 끝난 뒤 그 은행의 상무가 우리에게 와서 이렇게 말했다.

"그가 말하는 것을 들었나요? 그가 하는 것을 봤나요? 내 말은요. 우리는 그가 하는 연설을 일 년이나 기다렸는데 그는 긴장한 채 짧게 외운 연설을 하다니요! 마치 그는 우리에게 말하는 것을 정말로 내키지 않아 하는 것 같았어요!"

"그는 연설하는 것을 두려워하는 것이 분명해요."

"내 말이 그거예요! 그에게 연설은 그저 해야만 하는 어떤 것이에요. 그는 분명 연설을 하고 싶지 않았던 거예요. 그래서 그의 관심은 전부 자신에게 향해 있고 이 상황을 어떻게 빠져나갈까 하는 것뿐이었어요."

"무엇을 원하나요? 그는 대중연설가가 아닌걸요."

"음. 큰 회사를 이끌면서 직원들에게 자신이 원하는 목표를 이루도록 요구하려면, 젠장 유창한 연설가가 되어야만 한다고요! 왜냐하면 그것은 그 자신에 관한 일이 아니라 우리 직원들을 위한 것이니까요. 우리는 더 나은 대우를 받아야만 해요. 우리에게는 정말로 말을 해줄 사람이 있어야 마땅해요. 그러니까 진정으로 우리에게 말을 하는 것이에요. 진심으로 말이에요. 열정을 가지고 크고 강한 목소리로. 대본 따윈 없이요."

"당신은 그의 연설이 정말로 어땠나요?"

"그는 자신을 어려운 상황에 서도록 하는 것을 거부했기 때문에 이 회사를 이끌 자격이 없는 한심한 에고 덩어리처럼 보였어요. 그가 아파서 못 나온다고 전화를 했더라면 우리는 더 많은 동기 부여를 받았을 겁니다."

만약 당신이 직원들에게 연설을 해야 할 상황에서 긴장이 되고 가슴에서 말이 나오지 않는다면 그 자리에서 힘을 빼는 연습을 해야 한다.

만약 다리가 떨린다면 걱정할 것 없다. 그저 몸이 반응하는 것뿐이다. 당신이 아직 긴장이 풀리지 않았다는 신호이다. 힘을 뺐다면 떨리는 것은 불가능하다. 물리적으로 불가능한 일이다. 일단 당신이 힘을 빼면 당신은 훨씬 더 훌륭한 연설가가 된다. 그러니 연설 내용만을 연습해서는 안 된다. 긴장을 푸는 것도 연습해야 한다.

| 8 |
너무 일찍
종료 스위치를 눌러서는 안 된다

대부분의 사람들은 단호한 결의를 하기 때문에 성공한다.
평범한 능력을 가진 사람들이 때때로 눈부신 성공을 이루는 것은
언제 그만두어야 할지를 모르기 때문이다.

– 조지 앨런(미식축구 코치) –

인간에게는 잘 알려지지 않은 특정한 뇌의 영역이 공통적으로 존재한다. 그것은 바로 종료 스위치이다. 어떤 사람들은 일생의 습관으로 이 종료 스위치를 첫 좌절의 신호에 눌러버린다.

운동이 힘들어지면 그들은 종료 스위치를 누르고 집으로 간다. 그날의 전화업무 때문에 좌절감을 느끼면 그들은 종료 스위치를 누르고 동료와 커피숍으로 가서 두 시간 정도 부정적인 이야기를 퍼부으며 공감하는 시간을 보낸다.

모든 사람들은 이 종료 스위치를 가지고 있다. 자신이 그 스위치를 누를 때를 알아차려야 한다. 당신이 그 스위치를 누를 때까지는 그만둘

수도 없으며 그만두지도 않을 것이다. 인간은 다른 동물과 마찬가지로 목표가 달성될 때까지 집요하게 멈추지 않도록 만들어졌다. 아이들이 그들이 원하는 것을 얻어내는 것을 보자. 천성적으로 내재된 집요함을 볼 수 있을 것이다.

하지만 어느 순간 우리는 이 작은 스위치에 대해 알게 된다. 우리는 이 스위치를 누르기 시작한다. 어떤 사람들은 심각한 좌절을 겪은 후에 이것을 누르기 시작한다. 그러다 중간 정도의 좌절감을 느낄 때 누르기 시작하고, 마침내는 작은 불편함만 느껴져도 누르게 된다. 우리는 그만두어 버린다.

이 종료 스위치를 너무 일찍 눌러버리는 습관만 없다면 사실상 당신은 자신이 세운 어떤 목표도 다 이룰 수 있다. 당신이 팀원들을 절대 포기하지 않는다면 당신의 매달 세일즈 목표를 이루어낼 수도 있다. 당신이 늘 원했던 만큼의 살을 모두 뺄 수도 있다. 그 스위치를 누르지 않으면 당신이 원하는 어떤 것도 이룰 수 있다.

당신은 종료 스위치에 관심을 기울이고 그것을 더 잘 이해해서 당신에게 해롭지 않고 이롭게 쓰일 수 있게 만들 수 있다. 당신이 종료 스위치를 일찍 누르느냐 늦게 누르느냐는 단지 습관일 뿐이다.

스위치를 일찍 누르는 습관을 의지나 용기, 추진력, 욕구의 부족이라고 해석하고는 한다. 하지만 그건 말도 안 되는 소리다. 그것은 단지 습관일 뿐이다. 그리고 어떤 다른 습관과 마찬가지로 그것은 다른 습관으로 대체될 수 있다.

어떤 일을 하건 종료 스위치를 일찍 누르지 않는 습관을 만들어야 한다. 리더로서 자신을 포기하지 말고, 성과를 만들어내는 사람으로서 당신의 팀을 포기해서는 안 된다. 당신이 중도에 포기하는 일이 적어질수록 당신은 더 많은 동기 부여를 할 수 있다.

| 9 |
열정 없이
이루어지는 것은 없다

어떤 위대한 일도 열정 없이 이루어진 것은 없다.
− 랄프 왈도 에머슨 −

   온 세상은 하나의 무대이다. 그리고 당신은 그 무대 위의 훌륭한 연기자이다. 당신이 한 장면에 등장하여 열정적인 연기를 펼쳐야 할 때는 언제인가? 특히 직원들에게 열의를 불어넣어야 할 일이 있을 때는?
   만약 당신이 직원들을 설득시켜야 하는 어떤 일이 있다면 당신이 말하는 그것에 대해 정말로 열정적이 되도록 노력해야 한다.
   열정적인 에너지를 뿜어야 한다. 직원들이 되받아서 반응한다면, 열정적으로 반겨야 한다.
   빛나라.
   반짝거려라.

리더십과 해결책들을 빛처럼 발산하라.

자신을 더 열광적으로 만들어라.

그보다 더 높은 수준으로 올려라.

당신이 사람들을 몰입하게 만들려면 흐지부지 대충하면 안 된다. 자신이 열정적인 모습을 연기하고 있다는 것을 기억해야 한다. 당신은 배우이다. 훌륭한 배우이다. 강한 인상을 남겨야 한다.

열정은 전염성이 있다. 사람들은 열정이 있는 곳 주위에 몰려든다. 열정은 사람들이 미소를 짓고 신기해하게 만든다. 심지어 사람들은 열의가 넘치는 사람을 보고 즐거워서 소리 내 웃기도 한다. 그 열의 넘치는 사람이 당신이 되도록 해야 한다.

하지만 대부분의 리더들은 그렇게 하지 않는다. 그것은 실수이다. 그들은 속을 잘 드러내지 않는 쿨하고 '프로페셔널'한 리더처럼 행동한다. 그들은 자신들이 프로라고 생각하기 때문에 '프로페셔널'한 사람처럼 연기하지 않는다. 그들이 이렇게 하는 이유는 두렵기 때문이다.

그들은 쿨하게 행동하면 안전할 거라고 생각한다. 쿨한 것은 전혀 도움이 안 된다.

열정(enthusiasm)이란 영어 단어는 그리스어 en theos에서 왔다. 그것은 '내 안의 신'으로 번역할 수 있는데, 가장 생기 넘치는 영적인 자신을 뜻한다. 지금 당신 자신의 열 배인, 바로 어린 꼬마였을 때 두 손을 떼고 자전거를 타던 그때의 당신 말이다.

열정은 전염성이 있다. 만약 당신이 자신의 아이디어를 가지고 열정을 가지고 흥분한다면 다른 모든 사람들도 흥분할 것이다. 그것이 열정의 힘이 발휘되는 방식이다. 항상 에머슨의 통찰을 기억할 필요가 있다.

"어떤 위대한 일도 열정 없이 이루어진 것은 없다."

당신은 열정을 가지고 리드할 수 있다. 아니면 열정 없이 리드할 수도 있다. 그것은 당신의 선택에 달려 있다. 한 선택은 의욕이 아주 넘치는 팀을 만들 것이고 또 다른 선택은 장기적인 문제들을 만들어낼 것이다.

열정적이 되는 방법은 열정적인 것처럼 연기하는 것이다.

당신이 당신의 행동에 마음과 영혼을 담았는지를 구분할 수 있는 사람은 세상에 없다. 게다가 당신이 연기를 시작한 지 1분 30초 정도면, 재미있는 일이 일어나기 시작한다. 그 열정이 진짜가 되어버린다. 당신도 그것을 느낄 수 있다. 또한 당신의 팀도 마찬가지로 느낄 수 있다.

| 10 |
모든 에너지를
한 곳에 쏟아 집중해야 한다

성공을 이루는 첫째 법칙은 집중하는 것이다.
모든 에너지를 한 곳에 쏟고
오른쪽도 왼쪽도 보지 않고 곧장 그 지점을 향해 가는 것이다.

– 윌리엄 매튜(저널리스트) –

메르카도 교수의 또 다른 원칙 하나는 집중과 전념이었다. 그리고 그는 기이한 방식으로 학생들이 그것을 이해하도록 만들었다. 스콧은 다음과 같이 회상한다.

메르카도 교수님은 대부분의 음악 선생님들이 그러하듯 우리에게도 발표회를 갖게 했다. 하지만 우리는 이 연주회에서 같은 곡을 두 번 연주해야 했다.

첫 번째 연주 때는 여느 보통의 연주회처럼 연주를 했다. 제일 처음에는 단체로 '떴다 떴다 비행기'를 바이올린으로 연주했고 청중은 예의 바르게 박수를 쳤다. 그 연주가 끝난 뒤 우리는 모두 자신의 연주곡을 전통적인 방식으로 연주할 기회를 얻었다. 모두의 첫 연주가 끝난 뒤 메르카도 교수님은 이렇게 말했다.

"좋아요. 이제 우리는 다시 한 번 연주할 겁니다. 모두가 자신의 연주곡을 한 번 더 연주할 기회를 갖게 될 거에요."

하지만 이번에 메르카도 교수님은 연주자들이 연주를 하는 중에 청중들에게 길쭉한 종잇조각들을 나누어주었다. 그 종이들에는 청중이 따를 지시사항이 적혀 있었다.

'연주자에게 다가가서 귀를 간질러라. 양키 두들 댄디(Yankee Doodle Dandy, 미국의 민요-옮긴이)를 불러라.' 등과 같이.

메르카도 교수님은 심지어 반주자에게 "속도를 높여요.", "느리게.", "멈춰요."라고 지시하기까지 했다.

그런 다음 메르카도 교수님은 연주하고 있는 연주자에게 다가와서 그보다 더 극단적인 일들을 했다. 그는 우리의 바이올린 활을 빼앗아 버렸다. 또 그는 바이올린의 현을 풀어서 어떤 소리도 내지 못하게 만들었고 다시 현을 조여서 악기가 돌아오게 했다. 전반적으로 두 번째 공연을 하는 동안은 온통 아수라장이었다.

공연이 다 끝났을 때 메르카도 교수님은 우리들 각자에게 물었다.

"어떤 연주가 더 나았니? 첫 번째 연주? 아니면 두 번째의 온통 아수라장인 연주?"

내가 사람들에게 답이 뭐였겠느냐고 물으면 첫 번째일 거라고 말하는 사람들이 있다. 하지만 우리에게는 예외 없이 두 번째 연주가 더 나았다. 가장 많은 방해를 받았던 연주 말이다! 우리는 모두 그 사실을 인정했다. 메르카도 교수님은 우리에게 왜 그런지 물었다.

그 과정을 이겨내야 했던 우리들에게 그 대답은 꽤 명백했다. 그 이유는 우리가 '강제로' 완전히 집중해야만 했고 내적으로 자신의 음악에 집중해야 했기 때문이었다. 우리는 다른 모든 주변의 충격이나 영향을 배제하고 지워버려야만 했다. 만약 우리가 주위에서 일어나는 일에 조금이라도 주의를 돌렸다면 우리는 끔찍하게 당황했을 것이다.

우리는 우리가 만들어내려는 것(음악)에 내적으로 완전히 집중했고 반주자를 비롯한 다른 모든 것들을 배제하면서 엄청난 역경 앞에서 미친 듯이 연주했다. 그처럼 어려운 것은 다른 어떤 것도 상상도 할 수 없었다.

여기서 얻는 교훈은 엄청났다. 그리고 지금 나는 이 교훈을 이렇게 사용한다. 만약 다음에 주위에 휘몰아치는 혼돈스런 상황 때문에 화가 난다면, 나는 그것을 내 자신에 더 집중하는데 이용할 것이다.

만약 당신이 보여주는 본보기를 통해 사람들이 진정으로 영감을 받기를 원한다면, 그들에게 주의를 방해하는 것들을 이용해서 자신에게 훨씬 더 깊이 집중하는 방법을 알려주어야 한다. 그들에게 그것이 어떻게 가능한가를 직접 보여주어야 한다.

| 11 |

세상의 발달은 항상 더 큰 능력을 요구한다

너무 많은 사람들이 기회보다는 안전을 원한다.
그들은 죽음보다 삶을 더 두려워하는 듯하다.

– 제임스. F. 번즈(전 미국 국무장관) –

변화는 리더가 겁먹는 만큼 직원들을 겁먹게 할 것이다.

리더로서 내면의 힘을 의식적으로 기르는 또 다른 방법은 오늘날의 삶은 어떠한지, 오늘날 세상은 어떤 모습인지, 요즘 비즈니스 사회는 어떠한지에 대한 의식을 높이는 것이다. 그것들에 대해 더 많이 알고 있을수록 나는 더 유능한 리더가 될 수 있다. 나는 머리를 모래 속에 묻고 이렇게 말하고 싶지는 않다.

"하지만 우린 그 일을 20년간 이 방식으로 해왔는걸요."

나는 항상 이런 말을 중얼거리는 리더가 되고 싶지는 않다.

"나는 그것에 대해 생각하고 싶지 않아. 변화가 일어난 것은 어떤 것도 알고 싶지 않아. 나는 그저 모든 것들이 옛날 그대로였으면 좋겠어. 사람들도 변하지 않고 예전 같았으면 좋겠어."

하지만 내가 요즘 사람들, 특히 젊은 사람들이 어떠한지, 그들이 삶을 어떤 식으로 바라보는지를 진정으로 이해하려고 하지 않는다면 내 리더십 기술은 시간이 지남에 따라 쇠락할 것이고 머지않아 나는 상관없는 사람이 될 것이다.

나다니엘 브랜든은 그의 저서 '성공의 7번째 센스 자존감'에서 이렇게 말한다.

"오늘날 우리는 급격하게 이루어지는 변화, 과학과 기술의 비약적 발전, 전례 없는 수준의 치열한 경쟁 등으로 특징지을 수 있는 글로벌 경제 시대에 살고 있다. 이러한 세상의 발달은 우리에게 이전 세대에 요구되었던 것보다 더 높은 수준의 교육과 훈련을 받도록 요구한다. 비즈니스 사회에 발을 들인 사람이라면 누구나 이 사실을 알고 있다. 사람들이 알지 못하는 것은 이러한 세상의 발달이 우리들에게 새로운 정신적 능력을 요구한다는 사실이다. 구체적으로 말하자면 이러한 세상의 발달은 혁신, 자기 관리, 자기 책임감, 자기 주도성에 대한 더 큰 능력을 요구한다."

예전의 리더들은 다른 리더의 지도를 받았고, 팀장들은 다른 팀장의 지도를 받았다. 그들 관계에서 다른 소통은 없었다. 우리는 해야 할 일을 명령받았고 다음에는 다른 사람에게 해야 할 일을 전달했다. 그것은 기본적으로 위계적인 군사체제와 같았다.

하지만 지금은 상황이 너무 복잡하고 그 어느 때보다도 빨리 변하고 있다. 세상은 엄청나게 변했다. 그리고 시간이 지남에 따라 훨씬 더 빨리 변할 것이다. 세상의 변화에 점점 더 많이 깨어 있는 일에 헌신하는 리더들에게는 좋은 소식이다.

| 12 |
직접 행동으로 보여주어야 한다

나는 들은 것은 잊어버리고 본 것은 기억하지만
직접 해본 것은 이해한다.

- 공자 -

훌륭한 스포츠 선수들이 코치가 되는 경우는 많이 있지만 결과가 그렇게 성공적이지는 않다. 때로는 그들은 코치에 재능이 없는 것으로 드러난다. 거기에는 이유가 있다. 미스터리가 아니다. 그들은 무엇이 자신을 훌륭한 선수로 만들어준 것인지를 완전히 알지 못한다.

그들이 선수였을 때 했던 많은 것들은 직관적이고 무의식적인 것이었다. 그것은 느낌으로 한 일이었다. 그래서 그들은 그것을 다른 사람들에게 가르치고 전달하는 데 어려움을 겪는다. 왜냐하면 그들은 심지어 그게 무엇인지도 모르기 때문이다.

직원들이 당신이 원하는 수준만큼 하지 못하는 일이 있다면 그들에게 그것을 어떻게 하는 것인지 보여주어야 한다. 당신의 손에 직접 야구방망이를 들고서 어떻게 공을 치는 건지 보여주어야 한다.

크리스티나는 자신의 팀원의 문제를 우리에게 상담했다.

"내 직원들은 고객 상대를 잘못해요."

크리스티나가 말했다.

"나는 우리 팀원들이 고객들에게 조금만 다르게 말을 하고, 고객들에게 질문을 더 많이 던지고, 고객들의 삶에 더 관심을 가지면 분명 우리가 고객에게 도움을 줄 수 있는 분야를 찾을 수 있을 거라고 장담해요. 고객에게 도움이 되는 제품이나 서비스를 제공할 분야를 찾을 수 있을 거예요. 하지만 우리 직원들은 그저 물건만을 팔아요. 주문 접수원들과 다를 것이 없어요. 그들이 고객에게 더 관심을 가지면 판매실적이 많이 올라갈 거예요."

"당신은 그래서 어떻게 했나요?"

"먼저 나는 이메일에 그 의견들을 적어서 돌렸어요. 하지만 직원들은 잘 받아들이지 않았어요."

크리스티나가 말했다.

"물론 그랬겠죠."

"맞아요."

그녀가 말했다.

"다음에 나는 그들 대표 몇 명에게 전화를 걸어서 이렇게 말했어요. '팀원들에게 이 일을 더 많이 하도록 시키세요.'"

"그건 잘됐나요?"

"아니오."

"그 밖에 또 어떤 일을 했죠?"

"인사과에 전화를 했어요."

크리스티나가 말했다.

"나는 인사과에다가 우리에겐 정말로 이 분야에 대한 직원연수가 필요하다고 말했어요. 고객과 돈독한 관계를 형성하는 것이오. 그래서 더 비싼 제품을 구매하게 만들 수 있는 것이오."

"그 연수는 어떻게 됐나요?"

"아직 기다리고 있어요."

크리스티나가 말했다.

"내 요청에 대한 답변을 아직 기다리고 있어요."

"크리스티나. 당신 스스로 하세요! 직원들이 큰 성취를 이루게 만드는 리더, 진정 강력한 리더는 그 일을 어떻게 하는지 직접 보여줍니다. 진정한 리더는 직원들이 했으면 하는 일에 직접 뛰어들어서 몸소 행동으로 보여줍니다."

나중에 우리는 크리스티나가 그녀의 직원들과 일하는 것을 구경했다.

"자. 오늘은 나와 같이 일해요."

그녀가 그들에게 말했다.

"고객이 들어오면 내가 응대를 할게요. 당신은 내 옆에서 나를 보조해주고, 도와주고, 생각나는 질문이 있으면 질문을 하세요. 그것만 하면 돼요. 손님이 들어오면 우리 같이 응대를 해봅시다. 당신과 내가 함께요."

크리스티나는 직원들에게 그들이 했으면 하는 방식을 직접 보여주는 법을 배웠다. 그녀는 그녀가 원하는 방식을 전달하는 최고의 방법은 그녀 자신이 직접 하는 것이라는 것을 깨달았다.

이제 이것은 그녀의 새로운 무기가 되었고 직원들은 기쁜 마음으로 빨리 배웠다.

만약 당신이 직원들에게 단순히 "나는 여러분이 이것을 더 하기를 바랄게요. 여러분은 그것을 더 잘해야만 해요."라고 말만 한다면 그것은 소귀에 경 읽기가 될 것이고 때로는 상황을 더 악화시키기도 할 것이다. 그것은 직원들이 자신이 하는 방식을 방어하게 만들 수 있다. 그들은 당신에게 이렇게 말할 것이다.

"나는 그것을 할 시간이 없어요."

정말로 동기 부여를 하고자 한다면, 말을 적게 하고 행동으로 더 많이 보여주어야 한다.

| 13 |

카메라처럼
부드럽게 초점을 맞추어야 한다

내가 아는 성공적인 사람들 대부분은 말하는 것보다
듣는 것을 더 많이 하는 사람들이다.

– 버나드 바루크 –

우리가 만난 리더들 중 열 명에 단 한 명에게서 발견되는 리더십을 소개하려고 한다. 우리는 그것을 집중 리더십(focused leadership)이라고 부른다. 이것은 리더 측에서 완전히 집중하는 능력이다. 여기서 집중한다는 말은 에너지를 집중해서 뭔가를 하는 것처럼 본격적이고 강렬한 집중을 말하는 것이 아니다. 사실 그 반대이다. 이것은 훨씬 더 힘을 뺀 느낌의 집중이다.

카메라로 초점을 맞추는 것을 상상해보자. 카메라 렌즈를 통해 보는 광경은 희미하게 보인다. 이때 초점 다이얼이나 스위치를 조절하면 카메라를 후려치거나 쾅 내리칠 필요가 없다. 해야 할 일은 다이얼을 이리저리 아주 부드럽게 돌려 어느 순간 전체 화면이 선명해지도록 초점을 맞추는 것이다. 이와 똑같은 일이 리더로서 당신이 상황을 바라보는 시야에도 적용될 수 있다.

누군가가 당신의 사무실로 들어와 자리에 앉는다. 그녀는 당신이 마치 카메라처럼 자신에게 초점을 맞추기 시작하는 것을 느낀다. 당신 안에는 건너편에 앉은 사람에게 부드럽고 편안하게 완전한 초점이 맞춰질 때까지 아주 천천히 움직이는 내면의 다이얼이 있기 때문이다. 이제 당신은 한숨을 내쉬고 그다음 깊은 숨을 들이쉬면서 이렇게 말할 수 있다.

"어떤 일이 신경이 쓰이는지 말해 봐요. 요즘 어때요? 이 문제에 대해 이야기를 나눠봅시다."

당신의 직원은 이 부드럽고 편안한 느낌의 집중을 느끼고 영광스럽게 여길 것이다. 그녀는 이렇게 생각할 것이다.

'이건 마치 우리가 세상에 남은 유일한 두 사람인 것만 같아. 마치 우리가 무인도에 있고 세상의 모든 시간을 다 가진 것 같은 느낌이야.'

그리고 당신은 이렇게 생각하고 있을 것이다.

'나는 당신이 하는 말을 듣고 있어요. 당신과 나는 이 문제의 뿌리를 명확히 밝힐 거예요. 하지만 급하게 서두르는 것은 아니에요. 또 그렇게 해야 되기 때문도 아니에요. 그냥 열린 마음으로 대화를 나누면 그렇게 되는 것이니까요. 당신이 하는 말을 들을 것이고 당신을 존중하고 인정할 것이에요. 우리는 그냥 대화를 나누는 것이에요. 아이디어를 교환하고 내가 질문을 몇 개 던지고 우리는 이 문제에 대해 우리 둘이 어떻게 생각하는지를 알아낼 것이에요. 나는 당신에게 뭔가를 하라고 말하지 않을 거예요. 나는 대화를 하는 중에 조금씩 조금씩 드러낼 숨은 의도가 없어요. 내 마음은 활짝 열려 있어요. 나는 그저 당신을 바라보는 카메라와 같아요.'

이제 당신은 훌륭한 상사이다.

이와는 다른 모습의 상사, 그리 훌륭하지 않은 리더를 여러분은 이미 알고 있을 것이다. 회의마다 전자수첩을 들고 들어와 회의 도중에도 이메일을 보내고 2~3분마다 진동이 울리는 핸드폰을 들고 누가 전화를 했는지 확인하고, 그러면서도 회의에 참여하려고 애쓰는 상사.

그는 자신이 멀티태스킹을 하고 있다고 생각할지 모르지만 실상 그는 그저 집중하지 않고 있는 것이다. 그 상사와 마주치는 모든 직원들은 그와 대화를 나누면서 작아지는 느낌을 받는다.

리더가, 카메라 렌즈가 바라보듯이 마음을 열고 직원들에게 집중을 할 때 사실 장기적인 면에서 그들은 시간을 아끼게 된다. 왜냐하면 사기가 저하되고 마음이 상한 직원들과 일하는 것보다는 의욕이 넘치고 리더를 신뢰하는 팀을 운영하는 것이 훨씬 시간이 적게 들기 때문이다.

| 14 |

생각하는 것보다는
절대 더 어렵지 않다

당신이 해야 할 일이 있다면 항상 쉬운 일이라고 생각하라.
그럼 그렇게 될 것이다.

― 에밀 쿠에(심리학자) ―

    한 생각은 단순한 생각 하나가 아니다. 그것은 당신의 현실을 창조해 낸다. 직원들의 성과를 관리하는 일에서 생각의 역할은 과대평가될 수 없다. 당신의 일을 객관적으로 본 '현실'보다는 당신 자신이 그 일을 얼마나 힘들다고 생각하는지가 더 중요하다.

    만약 당신이 직원들에게 동기를 부여하는 일이 어렵다고 생각한다면 그것은 어려울 것이다. 차이는 없다.

    셰익스피어는 이렇게 말했다.

    "세상에 나쁘거나 좋은 것은 없다. 단지 생각이 그렇게 만들 뿐이다."

    만약 당신이 전화업무가 어렵고 불편하다고 생각한다면 그럴 것이다. 만약 당신이 전화기를 드는 것이 즐겁고 편하다고 생각한다면 또 그럴 것이다.

리더십의 세계에서 생각이 발휘하는 힘을 보는 일은 중요하다. 만약 당신을 의기소침하게 만드는 생각들을 한다면 당신은 그날 사람들과 잘 지내지 못할 것이다.

리더십에는 인간미가 넘쳐야 한다. 훌륭한 리더가 되기 위해서는 온종일 자신의 인간적인 면을 나누고 사람들과 인간적으로 교류해야 한다.

당신은 직원들에게 동기 부여하는 일을 성공적으로 할 수 있다. 생각이 그 열쇠이다.

나폴레온 힐은 그의 책 '생각으로 부자 되기'에서 '자신이 성공할 수 있는 완벽한 위치에 있다고 생각하라.'고 말했다. 많은 사람들은 그의 지시사항을 따라서 결국 성공에 이르렀다. 우리처럼 똑똑하지 않은 많은 평범한 사람들, 우리들 또한 그것을 할 수 있다. 그것이 쉬울까? 위대한 철학자 쿠에는 이렇게 말했다.

"항상 당신이 해야 하는 일을 쉽다고 생각하라. 그러면 그렇게 될 것이다."

한 가지 확실한 것은 그 일은 당신이 생각하는 것보다는 절대 더 어렵지 않다는 것이다.

| 15 |
안심시키는 말은 의욕을 고취시킨다

모든 조직의 진짜 힘과 에너지는 인간관계를 통해 만들어진다.
어떤 종류의 인간관계를 형성하는지, 인간관계를 맺는 능력이 어떠한지가
과업이나 직무, 지위나 역할보다 더 중요하다.

― 마가렛 휘틀리(경영 컨설턴트) ―

리더가 그 사람의 삶에 더 해줄 수 있는 귀중한 것들 중 하나는 안심을 주는 말이다. 당신은 이것을 어떤 경영 세미나에서도 들어본 적이 없을 것이다. 안타까운 일이다.

안심시키는 말을 적당히 해주는 것보다 더 의욕을 고취시키는 것은 없기 때문이다. 얼마나 많은 리더십 관련 책들이 이것을 중요하게 다루는가? 하나도 없다. 이것이 경영 도구로서 얼마나 중요한가? 가장 중요한 도구이다.

하루에 당신은 이 질문을 얼마나 자주 하는가?

이 대화에서 나는 상대를 얼마나 안심시키고 있지?
대화를 시작하기 전에 이 질문을 얼마나 자주 하는가?
이제, 이 사람을 어떻게 정말로 안심시킬 수 있을까?
그래서 모든 일들이 다 잘될 것이고 자신에게 이 일을 할 능력이 있다고 안심하고 자리를 뜰 수 있도록 말이다.

만약 당신이 상대를 안심시키는 말을 당신의 행동방식과 경영방식에 녹아들게 한다면 당신의 직원들은 변화하게 될 것이다. 그들은 더 긍정적인 마음을 갖게 될 것이다.

사람들은 리더가 자신을 안심시켜주기를 원한다. 그것이 진실이다. 하지만 대부분의 경우 안심하게 해주는 말을 듣지 못한다. 그들은 그 반대의 내용을 듣는다. 그들은 상사로부터 팀이 뒤처져서 정신없이 달리고 있다는 인상을 받는다. 그들의 상사는 이렇게 외친다.

"우리는 달려야 해요. 달려요, 달려. 나는 늦었어요. 약속에 늦어서 미안해요.", "지금 통화중이에요. 급해요. 달려야 해요. 우린 지금 궁지에 빠졌어요. 여기는 완전히 정신이 없어요."

리더가 이런 메시지를 보낼 때의 문제점은 리더 자신이 안심하고 있지 못하다는 것이다. 당신이 그런 혼돈스러운 행동을 하고 위기에 닥친 것 같은 태도를 전달한다면 직원들을 절대 안심시킬 수 없다.

이 모든 것들을 해결하고 치료해 줄 수 있는 것은 안심을 주는 말이다.

| 16 |

반대를 덜할수록
더 의욕적이 된다

좋은 아이디어를 얻는 최고의 방법은 많은 아이디어를 얻는 것이다.

− 리누스 파울링(노벨상 수상 과학자) −

팀 미팅이나 일 대 일 면담에서 상대의 말을 들을 때 당신이 할 수 있는 최고의 일은 반대하는 것을 그만두는 것이다. 달리 말해 그 사람이 말하는 내용의 가치에 귀를 기울이는 것이다.

당신이 그 사람의 말에 동의하는지 안 하는지를 찾으려고 할 필요는 없다. 당신이 직원들의 말에 반대할 때마다 그들은 당황하게 되고 이전보다 기분이 나빠지기 때문이다.

만약 내가 계속해서 당신의 말에 반대한다면 당신은 어떻게 하겠는가? 당신은 자신을 방어하기 시작할 것이다. 그렇지 않은가? 모든 인간이 그렇게 한다. 당신은 방어적인 태도를 취할 것이다. 그냥 이렇게 말하지는 않을 것이다.

"오, 알았어요. 네, 무슨 말인지 알겠어요. 알겠습니다. 당신이 옳아요. 내가 틀렸어요. 그러니 좋아요. 나는 기분이 더 좋아졌어요. 더 반대하고 싶은 것이 있나요?"

이런 일은 일어나지 않는다.

만약 당신이 누군가의 말에 반대하려고 한다면 결과를 받아들여야 한다. 주된 결과는 당신이 그 사람의 기분을 나쁘게 만들었다는 것이다. 그 사람의 기분을 나쁘게 만든 결과는? 그 사람은 일을 아주 잘하지는 않을 것이다.

사람은 기분이 나쁠 때 일을 잘하지 못한다. 그들의 활력이 사라져버린다.

하지만 당신이 사람들의 의견에 동의하는지 안 하는지를 찾는 대신 사람들이 하는 말의 가치를 찾아 듣기 시작한다면 당신이 말을 할 때에도 그들은 여전히 기분이 좋을 것이다. 사실 팀 미팅에서 당신이 그들의 말에 동의하는지 여부를 따지는 대신 모든 사람들이 하는 말의 가치를 듣는다면 회의실 전체의 분위기가 밝아진다. 항상 사람들이 하는 말의 가치를 듣는 것을 당신의 리더십 정책으로 삼는다면, 당신은 팀 미팅 전체에 영향을 줄 수 있다.

대부분의 상사는 그렇게 하지 않는다. 대부분의 상사는 누군가에게 의견을 말하게 한 다음 이렇게 말한다.

"아니에요. 그건 틀렸어요. 나는 거기에 동의하지 않아요."

그런 다음 그들은 왜 직원들이 업신여겨졌다고 생각하는지 의아해한다. 하지만 직원이 무시당했다고 느끼게 만드는 것은 상사의 반대에 대한 집착이다.

어떻게 자신이 바보 같다고 느끼는 사람을 더 의욕적으로 만들 수 있을까? 이렇게 생각하는 사람이 과연 있을까?

'좋아. 당신 때문에 나는 자신이 바보처럼 느껴져. 나는 이제 정말 열심히 일할 준비가 되었어. 나는 멍청이 같아. 자 해보자!'

대부분의 리더들은 이렇게 말한다.

"음. 나는 반대한다면 반대해요. 내가 하는 일은 전부 반대하는 일이에요."

좋다. 하지만 당신이 반대를 할 때마다 당신은 누군가의 자존심을 상하게 하고 그를 바보처럼 느끼게 만든다. 그것이 결과이다. 때로는 정말로 반대를 해야 한다. 하지만 당신이 그것을 덜 할수록 당신의 팀은 더 당신을 위해 일할 것이다. 그들은 더 의욕적이 될 것이다.

| 17 |
행복은
성장에서 나온다

리더는 만들어지는 것이 아니라 성장하는 것이다.

– 피터 드러커 –

배움을 멈추어서는 안 된다.

사람들이 당신이 배우고 있다는 것을 알게 해야 한다.

그들에게 항상 '다 안다는' 태도를 보여서는 안 된다.

그들에게 당신이 아직 진행 중인 미완성품이라는 것을 알게 해야 한다.

그러면 사람들이 좋은 아이디어를 가지고 당신에게 접근하는 일이 더 쉬워질 것이다.

대부분의 리더들은 자신의 지위에 너무 불안해해서 자신이 모든 것을 다 알고 있는 것처럼 보이려고 끊임없이 애쓴다. 그들은 절대 세미나에 참석하지 않는다. 그들은 경영이론에 관한 신간을 멸시한다. 하지만 이런 태도는 사실상 직원들의 사기를 저하시킨다.

누구나 매일 자신의 직업에 관한 새로운 것을 배울 수 있다. 우리는 조금씩 조금씩 우리의 지식창고를 채울 수 있다. 그렇게 우리는 직업상의 강점을 키우고 직원들을 도울 수 있는 능력을 향상시킨다.

행복은 성장에서 나온다. 우리는 성장할 때 행복하다. 그리고 행복한 사람들은 불행한 사람들보다 더 의욕적이다.

| 18 |
자신을
리드해야 한다

위대한 리더들은 최고의 지휘자들과 같다.
그들은 악보를 넘어서 연주자들이 마법을 발휘하도록 한다.

- 블레인 리(경영 컨설턴트) -

리더는 우두머리 행세를 할 때 큰 실수를 저지른다. 당신이 자신을 보스라고 강요할 때는 당신이 불안해한다는 분명한 신호이다. 당신은 전혀 강압적이고 거만하지 않으면서도 결단력 있고 용감할 수 있으며 직원들에게 책임을 지울 수 있다.

비자카드의 설립자이자 명예회장인 디 혹은 그것을 이렇게 표현했다.

통제는 리더십이 아니다. 관리도 리더십이 아니다. 만약 당신이 사람들을 리드하고자 한다면 당신은 자신의 시간 중 적어도 50퍼센트를 자기 자신을 리드하는 데(자신의 목표, 윤리, 원칙, 동기 부여, 바른 행동) 투자하라. 그리고 적어도 20퍼센트를 당신 위의 상부 경영진을 리드하는 데, 15퍼센트를 동료들을 리드하는 데 투자하라. 만약 자신이 '직원들'이라고 잘못 이름 붙여진 사람들을 위해 일한다는 사실을 깨닫지 못한다면 당신은 리더십에 대해서는 아무것도 아는 것이 없다. 당신은 단지 독재만을 알 뿐이다.

독재라는 말은 우두머리 행세를 표현하기에는 심한 말이기는 하다. 하지만 우두머리 행세를 하는 것은 인간본성에 무지한 행동이다. 특히 현대의 상황에서는.

우리의 직원들은 모두 사고하는 인간들이다. 그들은 로봇이 아니다. 구식 군대식 리더십은 더 이상 적합하지 않다. 그것은 더 이상 리더십이 아니다.

오늘날의 리더는 자신이 지휘하는 연주자들이 마법을 발휘하도록 한다.

| 19 |
고통받는 사람들의 말에 귀 기울여 주어야 한다

내가 원하는 것을 얻으려 애쓰는 대신
다른 사람들이 원하는 것을 얻을 수 있도록 도와줄 때
나는 더 즐거움을 느끼고 재정적으로도 더 큰 성공을 이룰 수 있다.

– 스펜서 존슨(비즈니스 작가) –

당신이 어떤 리더인지 어떻게 알 수 있을까? 아주 쉬운 방법이 하나 있다. 당신을 따르는 사람들에게 물어보면 된다. 그들은 잘 알고 있다. 그리고 그들이 말하는 것은 진실이다. 당신은 그들이 말하는 당신의 모습이다. 그들이 하는 말을 들어야 한다. 그들을 이해해야 한다.

사람들은 들어주는 사람들로부터 아주 크게 동기 부여를 받는다. 자신의 문제를 들어주고 '이해하는' 사람들로부터 당신이 그 사람이 되어야 한다. 항상 온전히 마음을 쏟아야 한다.

다음은 틱낫한 스님의 말씀이다.

"우리가 마음을 쏟으면 다른 사람이 고통받는 것을 알아차립니다. 만약 한 사람이 고통받는다면 그 사람은 고통을 덜기 위해 다른 사람에게 말을 해야 합니다. 우리는 옆에 있어주고 고통받는 사람의 말에 깊이 귀 기울여 주어야 합니다. 이것은 사랑의 실천입니다. 깊이 귀 기울여 주기입니다. 하지만 화가 나서 짜증과 편견으로 가득 차 있다면 우리는 우리가 사랑하는 사람들의 마음을 들어줄 능력이 없습니다. 그들이 우리와 소통하지 못한다면 그들은 더 고통받을 것입니다. 어떻게 더 깊이 귀 기울여 주는가를 배우는 것은 우리의 의무입니다. 우리는 고통을 경감시키려는 열망으로 움직입니다. 그것이 우리가 귀를 기울이는 이유입니다. 우리는 판단하거나 경멸하거나 비판할 의도 없이 온 마음을 다해 들어주어야 합니다. 만약 우리가 이런 식으로 한 시간 동안 귀를 기울인다면 우리는 진정한 사랑을 행하는 것입니다. 우리는 어떤 말도 할 필요가 없습니다. 우리는 그저 귀 기울여주기만 하면 됩니다."

직원들이 원하는 것을 얻는 것을 도우려면 그들이 정말로 원하는 것이 무엇인지 알 때까지 그들에게 관심을 기울이고 그들의 말에 귀 기울여 주어야 한다. 그들의 개인적인 목표가 팀의 목표와 부합되게 만들어야 한다. 그 관련성을 보여주어야 한다. 그러면 마침내 장기적인 동기부여가 이루어질 수 있다.

| 20 |
천사들이 나는 이유는 자신을 가볍게 생각하기 때문이다

당신은 근성이라는 리더십 본능을 가지고 태어난다.
거기에 재미와 희망을 더해 함께 하도록 해야 한다.

– 일레인 아가서(JP 모건 체이스 은행 전 CEO) –

의욕이 넘치는 사람들은 자기 자신을 그렇게 심각하게 여기지 않는다. 힘들게 허우적대는 사람들은 회사 프로젝트의 다음 번 성공이 자신의 주택융자금을 납입시켜주고 결혼생활을 유지시켜주는 것으로 본다.

가장 창의적이고 생산적이고 혁신적인 리더들은 비즈니스를 재미와 도전을 위해 하는 놀이 같은 체스게임처럼 생각한다. 그들은 온갖 종류의 멋진 말의 움직임과 대응 전략들을 가지고 있다. 그들은 질 때면 심지어 더 신나게 생각하면서 말들을 다시 세운다.

직장에서 최악의 실패자들, 가장 비참한 사람들은 모든 것들을 너무 심각하게 여기는 사람들이다. 그들은 침울하고 낙담하며 분개한다. 그들은 온종일 오직 뇌의 10퍼센트만을 사용한다. 그들의 뇌는 어린 시절 한때 아주 거대했지만 지금은 딱딱해지고 쪼그라들어 분개하고 걱정하는 일만 하고 있다.

지나치게 심각한 사람들은 이것을 놓친다. 재미와 창의성, 유쾌한 아이디어들, 직관, 건강한 활력, 편안한 에너지, 사람들을 더 친밀해지게 만드는 유쾌한 웃음! 그들은 이것들을 놓친다. 그들이 일을 잘하지 못하는 것은 놀라운 일이 아니다.

우리가 무엇이든 너무 심각하게 여길 때 우리는 온종일 교묘하고 무의식적으로 그것으로부터 도망갈 방법들을 찾는다. 사실 우리는 어린아이와 같다. 우리는 심각한 것을 거부한다.

워렌 베니스는 미국의 기업 리더십 분야에서 가장 존경받는 학자들 중 한 명이다. 그는 자신의 책 '워렌 베니스의 리더'에서 리더와 관리자의 차이를 강조했다.

"리더는 혁신한다. 관리자는 관리한다. 리더는 사람들에게 집중한다. 관리자는 시스템과 조직에 집중한다. 리더는 영감을 준다. 관리자는 통제한다. 리더는 주체적인 사람이다. 관리자는 훌륭한 군인이다. 리더는 장기적인 안목을 가진다. 관리자는 단기적으로 본다."

G.K. 체스터톤은 이런 말을 했다.

"천사들이 나는 이유는 단지 자신을 가볍게 생각하기 때문이다. 우리는 똑같은 말을 리더에게도 할 수 있다."

4장

오늘은 바로
내 인생 전체의
축소판이다

우리의 행복은 미래에 있고 따라서 우리는 미래에 산다.

문제는 과거에서 시작되었고 따라서 우리는 과거에 산다.

하지만 이제껏 일어났던 모든 좋은 일들은 '지금' 일어났다.

바로 지금 이 순간이다.

| 1 |
작은 일들을 통해
훨씬 더 많은 신뢰가 쌓인다

위대한 일은 충동적으로 이루어지는 것이 아니라
일련의 작은 일들이 모두 모여 이루어지는 것이다.

- 빈센트 반 고흐 -

사람들은 신뢰하는 사람들에게서 동기를 부여받는다.

직원들의 신뢰를 얻는 것은 어려운 일이 아니다. 당신은 그들의 신뢰를 얻을 수 있다. 그것은 그들에게 동기 부여를 하는데 아주 중요하기 때문에 당신은 반드시 그들의 신뢰를 얻어야 한다. 그러니 절대, 결코 약속시간에 늦어서는 안 된다.

만약 약속시간에 늦는다면 열에 일곱의 사람들과 당신이 쌓은 모든 신뢰를 파괴할 것이다. 왜냐하면 그 행동은 당신이 약속을 지키는 것을 신뢰할 수 없다는 것을 의미하기 때문이다.

우리는 한동안 제프의 팀을 코치했다. 우리는 제프가 직원들에게 자신의 작은 약속들을 지키지 않는 것을 알아차리고 제프에게 이것을 지적했다.

"에이, 그건 별거 아니에요!"

제프는 이렇게 말하고는 했다.

"나는 조금 늦었을 뿐이에요. 아니면 누군가에게 주차권을 주는 것을 깜박하는 정도지요. 그게 무슨 대수예요? 나는 크게 보는 사람이에요. 나는 그렇게 쩨쩨하게 굴지 않아요."

"그건 당신의 약속이에요, 제프. 만약 당신이 작은 약속들도 지키지 못한다면 아무도 어떤 큰일에서도 당신을 신뢰하지 못할 겁니다."

"음."

제프가 말했다.

"내가 어떻게 해야 하나요? 다른 사람이 되라고요? 인격개조라도 해야 하나요? 집중력을 키워줄 좋은 약이라도 구해야 하나요?"

"직원들에게 하겠다고 말한 것은 무엇이든 약속한 그 시간에 다 해야만 합니다. 만약 당신이 그 문서를 금요일까지 가져다준다고 말했다면 어떻게 해서든지 그것을 해야 합니다. 그게 가장 중요합니다. 신뢰는 단지 큰일을 통해서만 얻어지는 것이 아니에요. 오히려 작은 일들을 통해 훨씬 더 많은 신뢰가 쌓입니다."

| 2 |
질문은 상대방의 생각과 감정을 존중하는 것이다

누군가를 설득하려고 준비할 때 나는 내 시간의 3분의 1을
나 자신과 내가 말할 내용을 생각하는 데 쓰고,
시간의 3분의 2를 상대와 상대가 뭐라고 말할지 생각하는 데 쓴다.

− 아브라함 링컨 −

내가 상사로서 직원과 대화를 하려고 할 때 직원의 마음속에는 항상 두려움이 있다. 내가 그 두려움을 이해하지 못한다면 그 사람과 합의안을 작성하는 것은 어려운 일이 될 것이다.

동기 부여란 합의를 이끌어내는 것이 그 핵심이다.

내 목표는 직원들이 나와 협조적으로 일하도록 동의하게 만드는 것이다. 나는 직원들이 더 높은 실적을 내거나, 해결해야 할 어떤 일을 하거나, 나와 다른 방식으로 의사소통하거나, 고객을 다르게 응대하기를 약속하기를 원할 수 있다. 이 모든 경우에 있어서 내게 필요한 것은 합의안이다.

그러나 그 직원 또는 상대방이 나를 밀어내고 나와 동의하지 않는 데에는 이유가 있다.(이제 당신은 그게 무엇인지 알 것이다. 여기 힌트가 있다: 그것은 두려움이다.)

일단 우리가 그 이유를 이해하게 되면 우리는 합의안들을 훨씬 더 빨리 만들 수 있다. 나는 항상 이것을 먼저 생각해야 한다. 어떻게 하면 그 두려움을 없앨 수 있을까?

최고의 최면술사도 긴장을 풀지 못하는 사람과는 일을 시작조차 할 수 없다고 말한다. 사람이 긴장을 풀지 못하면 그 사람은 최면을 하는 말이든 어떤 말이든 받아들이지 못한다. 직원들과 합의를 이끌어내려고 애쓰는 대부분의 상사는 사실상 대화가 진행될수록 상대에게 두려움을 일으켜서 상황을 악화시킨다.

그러면 당신은 어떻게 직원을 두려움에 몰아넣지 않고, 자기방어로 당신을 밀어내지 않게 하면서 합의를 만들어낼 수 있을까?

먼저 질문을 던져야 한다. 질문은 그 직원의 생각과 감정을 존중한다. 사람들이 주도권을 잃고 당황하는 것이 두려워서 단호히 밀어낼 때 (반대하거나 자기방어를 하는 식으로) 그 사람은 강한 것처럼 보인다!

'음. 저기 강단 있는 사람이 있군! 자신의 주관이 뚜렷하군. 이리저리 주위에 끌려 다니지 않는 사람이 있군.'

이것은 사실이 아니다. 그는 겁먹은 사람이다!

사람들은 당신이 그들에게 당신의 생각을 강요하는 것을 원치 않는다. 그들은 자신의 의견을 개진하고 싶어 한다. 그들은 그 일을 해결하는 것이 자신의 아이디어가 되기를 바란다. 당신의 아이디어가 아니다. 바로 그것이 동기 부여의 비밀이다.

직원 중 한 명에게 좀 더 제시간에 맞춰 서류를 제출하라고 말하고 싶다고 가정해보자. 당신은 그 직원에게 "이것 봐요. 당신과 이야기를 해야겠어요. 나는 그 서류들을 제시간에 받지 못했어요."라고 단정적으로 이야기를 한다면 어떻게 될까? 자기방어와 두려움을 만든다.

"여기 컴퓨터 시스템이 이틀이나 고장이 나 있었기 때문에 그것을 제시간에 제출하는 것은 불가능했어요. 사실 여기서 일어난 일을 고려하면 우리 팀원들은 꽤 잘한 거예요. 사실 우리는 정말 잘했어요. 우리는 여기서 기대할 수 있는 것보다 더 잘하고 있어요."

당신의 직원은 자신이 한 일을 방어하고 있다. 그는 자신이 나쁜 평가를 받을까 봐, 서류를 제시간에 내지 못해 떠나라는 말을 들을까 봐 두렵기 때문이다.

거기에 상사인 당신이 한 일은 공격적으로 말을 꺼냈고 그래서 그에게 두려움을 몰아넣게 했고, 따라서 그가 당신을 밀어내게 만들었다.

만약 당신이 직원의 두려움에 대해 둔하고 무슨 일이 일어나고 있는지 알지 못한다면 당신은 그에게 더 많은 두려움을 더할 가능성이 크다. 당신은 어쩌면 이렇게 말할 수도 있다.

"음. 다른 부서에서도 컴퓨터 시스템이 다운됐지만 그들은 서류를 제시간에 냈어요."

이제 당신의 직원은 더 겁에 질리고 더 불안해졌다.

"네. 하시만 그들은 우리보다 직원들이 더 많아요. 우리는 일손이 부족하다고요. 항상 그래왔어요."

당신이 더 밀어붙일수록 그도 더 밀어낸다. 당신이 더 방어적일수록 그도 더 방어적이 된다. 그리고 그가 더 방어적일수록 그가 서류를 다음 주 제시간에 낼 확률도 적어진다. 애초에 당신이 원한 것은 바로 그것이었는데 말이다. 당신은 그것만 얻을 수 있으면 되었다. 하지만 당신 자신이 그것을 불가능하게 만들었다.

사람들 사이의 밀어내기 역학은 결혼생활을 힘들게 하고, 경력을 쌓는 것을 방해하고, 경영자의 삶을 비참하게 만든다. 리더는 상냥한 질문들을 던지고 직원들이 직접 생각하고 말하게 하고 그들 자신의 새로운 합의를 만들게 할 수 있다. 동기 부여는 이렇게 이루어질 수 있다.

| 3 |
우선사항들을 이성적으로 선택해야 한다

먼저 필요한 일을 시작하라. 다음에는 가능한 일을 하라.
그러다 보면 문득 당신은 불가능한 일을 하고 있을 것이다.

– 성 프란체스코 –

대부분의 리더들은 온종일 쉽고 사소한 일들을 한다. 그들은 온갖 쉬운 일들을 하면서 하루를 시작한다. 그들은 이메일을 몇 번이고 확인한다. 그들은 무의식적으로 자신에게 이런 질문을 하고 있다

'어렵지 않은 작은 일들이 어떤 것이 있을까? 어떤 일을 하면 내가 진짜 해야 할 일을 찾는 동안 나를 리더로 보이게 만들어줄까? 누군가 나를 볼 때 내가, 리더가 해야 할 일을 하고 있는 거라고 생각할까? 나는 필요한 일을 하고 있어. 이 일들은 조만간 해야 할 일이야.'

하지만 사람들에게 영감을 주는 리더는 삶을 다르게 산다. 기분에 따라 움직이는 것이 아니라 시간을 내어 우선사항들을 이성적으로 선택한다. 그들은 유아 같은 삶을 뒤로 할 능력과 가능성을 가지고 있다.

시간이 점점 없어지고 하루에 시간이 정말 부족하다는 기분은 그런 삶을 사는 것에 도움이 안 된다. 하지만 당신은 다음의 진실에 근거하여 삶을 살 수도 있다

우리 모두에게는 똑같은 24시간이 있다. 당신이 얼마나 부유하고 강한 권력을 가졌는가는 상관없다. 당신은 여전히 단 24시간만을 가질 뿐이다. 1분도 더 가질 수 없다.

따라서 "나는 다른 사람들만큼 시간이 많지 않아. 나도 그러고 싶어. 하지만 시간이 없어."라고 말하는 것은 말이 안 된다. 그것은 그냥 진실이 아니다.

당신 자신만이 자신이 하려는 일을 선택함으로써 여유를 찾고 삶의 속도에 맞출 수 있다. 그리고 일단 그렇게 하고 나면, 다른 사람들에게 똑같이 하도록 동기를 부여하고 가르쳐주는 일은 훨씬 쉬워진다.

| 4 |

데드라인은 행동을 추진시킨다

미래를 예측하는 가장 좋은 방법은 미래를 창조해내는 것이다.
– 피터 드러커 –

당신의 요구사항에 기간을 정해야 한다. 만약 긴급한 기간이 없다면 하나를 만들어내야 한다. 만약 당신이 누군가에게서 보고서를 받고 싶다면 일을 요청할 때 이렇게 묻는 것으로 끝내면 된다.

"그리고 이것을 목요일 업무 끝나기 전에 받을 수 있을까요?"

여러 사전들에서 데드라인(deadline)은 어떤 일이 완성되어야 하는 시간이라고 설명한다. 데드라인의 원래 의미는 '움직이지 않는 선' 그리고 '탈출하는 죄수가 그 선을 넘으면 사살될 수 있는 군사감옥 주위 경계선'이라는 뜻이다. 말 그대로 그것은 사람이나 사물이 넘으면 죽는 선인 것이다! 데드라인은 행동을 추진시킨다. 따라서 사람들이 행동하게 만들고 싶을 때는 그들에게 데드라인을 주면 된다.

만약 당신이 날짜나 시간을 포함하지 않은 요청을 한다면 당신은 상대방에게 책임을 물을 수 있는 어떤 것도 가지고 있지 않다.

당신은 시간과 연관성 없는 공간에서 되기를 희망하고 바라는 과제가 어슬렁거리게 하고 있다. 사람들은 시간과 공간을 모두 사용한 약속을 할 때에만 동기를 부여받는다. 시간과 공간의 연속체는 동기 부여자의 최고의 친구이다.

한 번은 우리가 느긋하게 책 한 권을 집필하고 있는 중에 출판사에서 전화가 왔다. 크리스마스 빅 세일 시즌에 필요한 가을 카탈로그에 책을 실어야 한다고 데드라인을 한 달 뒤로 정한 것이다. 그러자 우리는 갑자기 행동에 돌입해서, 완성된 원고를 편집자에게 보낼 때까지 하루 20시간을 글을 쓰고 수정을 했다. 그 책은 우리가 이제껏 썼던 최고의 책이 되었다.

데드라인 없이는 어떤 목표도 없다. 일터의 혼란스러운 일들에 더 보태는 모호한 요청일 뿐이다. 요청하는 일에 기간을 정해주는 것은 상대에게 호의를 베풀어주는 것이다. 만약 기간이 너무 짧다면 상대는 그것을 협상할 수 있다. 그들이 참여하게 해야 한다. 이것은 누가 데드라인을 정하는가의 문제가 아니라 데드라인이 있는가, 없는가의 문제이다. 누가 정하든 데드라인이 정해졌고, 명확하고, 완벽하다는 것이 중요하다.

대부분의 리더들은 이것을 하지 않는다. 그들의 일터에는 수백 개의 완수되지 못한 요청들이 떠다니고 있다. 왜냐하면 그것들은 우선순위가 정해지지 않았기 때문이다. 이 요구사항들은 계속해서 연기된다. 하지만 데드라인은 이 모든 일들을 해결해준다.

| 5 |

삶과 사랑에 빠진 사람들로부터
더 많은 영감을 받는다

어려운 일들은 우리를 낙담시키는 것이 아니라 분발하게 해주는 것이다.

– 윌리엄 엘러리 채닝 –

리더가 걱정을 하는 것으로는 누구도 도울 수 없다.

걱정은 상상력의 오용이다. 당신의 걱정을 관심으로 업그레이드하는 것을 연습해야 한다. 그리고 일단 관심 대상을 정하고 나면, 그 일을 다룰 행동플랜을 만들어야 한다.

우리가 삶에서 맞닥뜨리는 문제들에 걱정을 하는 것으로 대응한다면 우리는 활력이 줄어들고 우울해질 것이고 또한 자존감이 낮아질 것이다.

걱정하는 사람은 건강한 자아상이라고 보기 힘들다. 또한 리더가 걱정하는 것을 보는 것은 사람들에게 절대 용기를 북돋아주지 않는다.

걱정하는 대신 당신이 지금 취할 수 있는 특정 행동을 상상하는 것이다. 현재의 문제를 해결하기 위한 과감하고 아름다운 행동을…….

이 습관을 들이면 자존감이 높아지고 활력이 늘어나며 동시에 삶에 대한 사랑이 커진다.

사람들은 삶을 걱정하는 사람들보다는 삶과 사랑에 빠진 사람들로부터 더 많은 영감을 받는다.

| 6 |

항상 목표를 염두에 두어야 한다

만약 당신이 미래에 대해 생각하지 않는다면 당신에게는 미래가 없다.

- 헨리 포드 -

여전히 어린아이처럼 행동하거나 어린 시절의 해결되지 않은 문제들을 안고 성인으로서의 삶을 접근하는 리더는 직원들과 고객들에게 집중할 수 없다. 또한 그들은 큰 성공을 추구하는 일에도 집중할 수 없다.

리더십에서는 문제해결을 담당하는 논리적인 좌뇌가 우뇌를 관리하는 것이 필요하다. 직원들의 모든 불만들에 맞서 견뎌낼 맹렬한 지성이 필요한 것이다. 해결책에 이르는 새로운 길을 찾는 것에 대한 열정이 필요하다.

리더십에서는 당신이 어디에서 어떻게 시간을 보낼 것인가에 대한 명확하고 현명한 결정을 내리는 것이 중요하다. 사람들을 리드하는 것은 당신의 시간 관리를 더욱 현명하게 하는 것이다.

위대한 체스 거장 카스파로브는 다음과 같은 그의 좌우명에 따라 살았다.

"일곱 수를 앞서 생각하라."

지적인 관점에서 보면 사람들에게 동기를 부여하는 일은 역설계를 하는 것이다. 당신은 당신이 원하는 것을 결정하고 그다음에 거기서부터 거꾸로 생각해온다. 당신은 끝에서 시작하고 지금 이 순간까지 거꾸로 설계를 해온다. 당신이 직원들에게 다가갈 때나 전화를 걸 때는 항상 목표를 염두에 두어야 한다.

다른 사람들에게 동기를 부여하는 일에 최고의 능력을 발휘하는 사람들은 자신이 하는 일을 가장 많이 의식하는 사람들이다. 그들은 끊임없이 생각하는 사람들이고 그들의 직원들은 그것에 대해 감사해한다.

당신이 오늘 운전을 하고 돌아다닌다면, 곰곰이 생각하는 시간을 가져야 한다.

만약 당신이 당신의 팀의 일원이라면 어떤 것을 가장 고맙게 여길지 생각해 보자.

사람들과 소통하고 신뢰를 얻는 방법에 대해 생각해야 한다.

당신이 해주고 싶은 따뜻한 말 한마디, 유쾌한 짧은 대화를 생각하는 것이다.

당신의 직원이 자신의 능력을 최대로 발휘하지 못하는 것은 범죄이다. 그가 회사를 떠날 생각을 하는 것은 범죄이다. 이 범죄를 해결해야 한다.

| 7 |

가장 효과적인 방법은 칭찬하는 것이다

나는 늘 이렇게 말해왔다.
내가 부자라면 칭찬해주는 사람을 고용하겠노라고.

― 오스버트 시트웰 경(시인) ―

직원들에게 동기를 부여하는 한 방법은 리더인 당신이 자신에게 던지는 질문을 바꾸는 것이다.

그들이 나를 덜 귀찮게 하게 만들려면 어떻게 해야 할까? 대신 이 질문으로 바꾸는 것이다.

팀원들이 내가 원하는 일을 더 많이 하도록 내가 할 수 있는 최고의 일은 무엇일까?

대부분의 리더들은 잘못된 것이 무엇인지를 찾아서 그것을 비판한다. 그들은 문제들을 찾아서는 이렇게 말한다.

"이것 봐요. 우리는 정말 이래서는 안 돼요. 당신은 이것을 고쳐야만 해요. 이 실적은 정말 너무 낮아요."

하지만 이런 방식은 비판받는 쪽의 기분을 상하게 할 뿐이다.

더 효과적인 방법은 잘한 일을 알아봐주기, 인정해주기, 감사해하기이다.

이런 방법들을 상황에 맞게 쓰는 것이다.

나는 출근길에 운전을 하고 오면서 자신에게 이렇게 말할 것이다

'나는 우리 회사에 칭찬하는 문화를 만들 것이다. 사람들이 어떤 작은 일을 하더라도 인정받는다고 느낄 수 있는 곳이 되도록……. 그들은 자신의 존재감을 느끼고 자신이 인정받고 소중히 여겨진다고 느끼게 될 것이다. 나는 그들이 자신이 하는 일들이 무시되지 않고, 인정되고, 찬양받는다는 것을 알기를 바랄 것이다. 이것이 생산성을 높이도록 내가 만들 문화다.

가능한 한 나는 다른 사람들 앞에서 직원들을 인정할 것이다. 또 가능하다면 어떻게든지 직원들을 그들의 가족들 앞에서 칭찬할 것이다. 어쩌면 그 사람의 집에 회사 회장이 주는 상이나 편지를 보낼 수도 있다. 나는 그 직원의 가족이 그가 정말로 인정받는 사람이라는 것을 보게 할 것이다.'

| 8 |
'책임'이란 어떤 일을 하는 능력이다

실패의 99퍼센트는 변명하는 습관을 가진 사람들로부터 나온다.
– 조지 워싱턴 카버 –

"난 정말 이 사람들이 책임을 질 줄 알았으면 좋겠어요."

스콧 리처드슨의 법률회사 변호사들 중 한 명이 그에게 이렇게 말했다.

"내 직원들은 '책임 떠넘기기' 전문가 같아요."

"음. 그들에게 '책임'이 어떤 것인지에 대해 이야기를 해본 적이 있나요?"

스콧이 물었다.

"아니오. 그러지는 않았어요."

그 변호사가 말했다.

"잠시 나와 간단한 단어게임을 해보지 않을래요? 내가 단어 하나를 말할게요. 그럼 당신은 머릿속에 떠오르는 첫 번째 단어를 내게 말하는 거예요. 알겠죠?"

"오 이런. 이게 또 뭐예요."

"해봐요. 도움이 될 겁니다. 약속해요."

"좋아요. 불러보세요. 단어가 뭐죠?"

"책임(responsibility)이라는 단어를 들었을 때 처음 떠오르는 단어는 뭐죠?"

"의무요."

그 변호사가 말했다.

"좋아요."

스콧이 말했다.

"이제 책임(responsibility)이란 단어를 부분으로 나누어봅시다. 이 단어는 글자 그대로 대응(response)과 능력(ability), 즉 대응 능력 또는 대응하는 능력(the ability to response)을 말합니다. '어떤 일을 하는 능력' 말이지요! 마찬가지로 책임감 있는(responsible)은 대응(response)-할 수 있는(able), 즉 '대응할 수 있는'이란 뜻이에요.

책임(responsibility)은 의무와는 전혀 상관이 없어요. 부담, 빚, 잘못 등과 같이 겁먹게 할 뜻을 함축하는 다른 많은 부정적인 단어들과도 아무 상관없어요. 만약 당신이 직원들에게 책임을 지게하고 싶다면 당신은 책임이란 그런 부정적인 의미와는 전혀 상관이 없다는 사실을 자신은 물론 직원들에게 분명히 알게 해야 합니다.

책임(responsibility)은 단지 대응하는 능력, 어떤 일을 하는 능력이 있는가를 말하는 것입니다. 직원들에게 당신이 그들을 믿는다고 말하세요. 당신은 그들이 이 도전에 대응할 능력을 가지고 있다는 것을 알고 있고 또 그렇게 하도록 지지한다는 것을 말하세요."

잘못된 일을 탓할 때만 쓰이는 책임은 진짜 책임이 아니다.

우리와 함께 일하는 코치들 중 또 다른 한 명은 하이테크 회사에서 세일즈맨으로 일을 시작했다. 그는 일한 지 2년이 되지 않아 회사의 CEO가 되었다. 그에게 어떻게 그렇게 할 수 있었느냐는 질문을 했을 때 그는 이렇게 대답했다.

"나는 출근한 첫날부터 그 회사를 내 회사로 여겼어요. 바닥에 종잇조각이 떨어진 것을 보면 나는 직접 줍거나 다른 사람에게 줍게 했어요. 잘 돌아가지 않는 부서가 있으면 참여해서 그 부서가 잘 돌아가게 했죠. 그 부서가 엄밀히 따져 내 일과는 상관이 없다 하더라도요. 그러자 얼마 지나지 않아 회사에서 내게 CEO 자리를 부탁했어요. 하지만 나는 예전부터 회사 전체에 대해 이미 책임을 지고 있었어요."

그러니, 만약 당신이 언젠가 CEO가 되고 싶다면 지금 이 순간부터 당신의 회사 전체에 100퍼센트 책임을 져야 한다.

그보다 더 직원들에게 동기 부여를 해주는 일은 없을 것이다.

| 9 |
매일 매일을
최고의 걸작으로 만들어야 한다

30분도 제대로 사용할 줄 모르는 사람한테
불멸이 무슨 소용이 있겠는가?

- 랄프 왈도 에머슨 -

다른 사람들에게 의욕을 불어넣을 수 있는 능력은 우리가 '오늘'에 얼마나 많은 중요성을 부여하는지에 따라 달라진다. 우리는 오늘 무엇을 할 수 있을까?

존 우든은 전설적인 대학농구 코치였다. 그의 UCLA 팀은 12년 동안 전 미국 챔피언십을 10회나 우승했다. 우든의 코칭방식과 삶의 철학의 많은 부분은 단 한 가지 생각에서 비롯되었다. 그것은 우든이 어린 소년이었을 때 그의 아버지가 그에게 말해준 단 한 문장이었다.

"매일을 너의 걸작으로 만들어라."

다른 코치들이 자신의 선수들이 미래에 있을 중요한 시합을 대비해

준비를 시키는 동안 우든은 항상 오늘에 집중했다. 우든이 코치하는 UCLA 팀의 연습경기는 어느 챔피언십 경기와 어느 것 하나 다르지 않았고 똑같이 중요했다.

그의 철학에 따르면 오늘을 그들의 삶의 가장 자랑스러운 날로 만들지 않을 이유는 없었다. 그들은 여느 시합에서 뛰는 것처럼 연습에서도 열심히 뛰지 않을 이유가 없었다. 그는 모든 선수들이 매일 밤마다 잠자리에 들면서 '오늘 나는 최고였어.' 하고 생각하기를 원했다.

하지만 대부분의 사람들은 이런 식으로 살려고 하지 않는다. 우리의 행복은 미래에 있고 따라서 우리는 미래에 산다. 문제는 과거에서 시작되었고 따라서 우리는 과거에 산다. 하지만 이제껏 일어났던 모든 좋은 일들은 '지금' 일어났다. 바로 지금 이 순간이다.

리더십 역시 '지금' 실행된다.

사람들을 리드하는 일의 열쇠는 중요한 일들을 하려는 적극성, 무엇보다 지금 하려는 당신의 의지이다.

오늘은 당신이 사는 전체의 축소판이다.

당신은 아침에 눈을 뜨면서 '태어나고' 밤에 잠이 들면서 '죽을 것'이다. 그렇게 당신은 하루에 전 생애를 살 수 있다. 여전히 직원들에게 당신이, 일진이 나쁜 하루를 보냈다고 떠들면서 돌아다니고 싶은가? 당신이 매일 매일을 당신의 걸작으로 만드는 것을 직원들이 보게 해야 한다. 그러면 그들은 그렇게 살고 일하는 방식을 배우게 될 것이다.

| 10 |

내적인 힘은 요지부동의 생명력과 기를 발산할 수 있다

당신의 비전은 오직 마음을 들여다볼 때에만 분명히 보일 것이다.
바깥을 보는 사람들은 모두 꿈만 꾸지만
안을 들여다보는 사람들은 모두 깨어난다.

−칼 융−

스콧은 타이완에서 쿵푸를 배웠다. 쿵푸 지도자는 그에게 위대한 일들을 성취하는 데 필요한, 모든 인간에게 있는 내적인 힘에 대해 가르쳐 주었다.

스콧은 변호사이자 경영 컨설턴트로 명성을 얻었을 때 자신의 통찰력의 많은 부분을 무술훈련 덕으로 돌렸다.

스콧은 이렇게 회상한다.

나는 타이완이나 미국에서 쿵푸 고수들의 시연을 종종 보았다. 예를 들어 촛불 세 개를 켜고 하는 시연이 있었다.

그들은 얼굴과 촛불 사이에 유리판을 두어서 입김으로 촛불을 꺼뜨리지 않도록 했고 그런 다음 슬로모션 같은 속도로 주먹을 불꽃을 향해 뻗었고 적어도 30cm는 떨어진 지점에서 불꽃을 껐다.

가라데 검은 띠인 친구 한 명이 나와 그 장면을 함께 보았다. 그는 내게로 몸을 돌려 이렇게 말했다.

"스콧, 너는 쿵푸를 배웠지?"

나는 대답했다.

"조금."

그러자 그는 이렇게 말했다.

"저들은 어떻게 저렇게 하는 거지? 나도 가라데 검은 띠야. 우리가 하는 테스트에는 제일 강한 발차기로 촛불 하나를 끄는 것이 있는데 우리는 발을 촛불에 가능한 가장 가깝게 다가가게 해. 나는 이것을 하려고 엄청난 연습을 해야 했어. 내가 찰 수 있는 제일 강한 발차기로도 30cm 떨어져서는 촛불을 끄는 것이 물리적으로 불가능해. 나는 슬로모션으로 하는 펀치로는 절대 그렇게 할 수 없을 거야. 저 사람들은 어떻게 그걸 하는 거지?"

내가 대답했다.

"음. 사실 그건 기라고 하는 것을 이용하는 것이야."

나는 기를 모으고 몸의 자세를 조금만 변화시키면 합기도 상급무술을 할 수 있다.

몸을 이용한 어떤 움직임에서도 당신은 합기도 무술의 한 버전을 실시할 수 있다. 기를 모으는 것의 기본은 자신의 원포인트에 관심을 집중하고 그 지점에 대해 생각하는 것이다. 합기도에서는 자신의 배꼽에서 약 6cm 내려온 지점인 원포인트에 주의를 모으면 자동적으로 집중하게 된다고 가르친다.

이것이 당신이 할 일 전부이다. 당신은 이것을 팀 미팅에서 할 수 있다. 일 대 일 업무평가 중에도 할 수 있다. 여기에는 대단한 신비가 있는 것은 아니다.

합기도 지도자의 시범을 예로 들어보겠다. 그는 이렇게 말한다.

"좋아요. 당신의 원포인트에 집중하세요."

그리고 그는 당신의 가슴을 손으로 민다. 하지만 당신은 뒤로 넘어가지 않는다. 당신은 단단히 집중한 상태이고 강한 힘이 있다. 그런 다음 그는 한 손으로 당신의 머리 꼭대기를 살짝 때리고 그와 동시에 다른 손으로 당신의 가슴을 민다. 그러면 당신은 즉시 뒤로 넘어진다.

지도자는 이렇게 말한다.

"방금 무슨 일이 일어났지요? 처음에 당신은 원포인트에 의식을 모으고 있었어요. 당신이 그 상태였을 때 나는 당신을 넘어뜨리지 못했어요. 하지만 내가 당신의 머리를 때리자마자 무슨 일이 일어났나요? 당신의 의식은 당신의 머리 쪽으로 올라가 버렸고 나는 힘을 들이지도 않고 당신을 밀어서 넘어뜨렸어요."

나는 이 간단한 시범을 세계 최고의 회의론자인 우리 아버지에게 보였고 아버지는 이렇게 말했다.

"여기에는 분명 어떤 물리적인 설명이 있을 거야."

하지만 아니었다. 아버지는 자신의 몸에서 근육 하나도 움직이지 않았다! 물리적인 이유는 전혀 없었다. 단지 집중만이 있었다. 땅에 발을 단단히 디디고 중심이 잡혀 건드릴 수 없는 힘이 있었을 때와 중심을 잃어버렸을 때의 차이는 바로 그것이었다.

직장에서 대부분의 사람들은 중심이 잡혀 있지 않다. 그들은 별 생각 없이 살며 삶에서 등장하는 어떤 일이든 그들을 넘어뜨릴 수 있다. 그들을 중심을 잃게 만든다.

당신은 리더로서 중심 잡힌 모습을 본보기로 보여줄 수 있다. 당신은 모든 사람들 안에 있는 요지부동의 생명력, 기를 발산할 수 있다.

다음에 도전적인 상황을 맞닥뜨리면 긴장을 풀고, 당신 자신보다 더 큰 에너지가 당신을 통해 나와서 그 상황으로 흘러들게 해야 한다. 머지않아 당신도 그 회사의 전설이 될 것이다. 단지 중심을 잡고 있는 것만으로.

| 11 |

실패는 단지
도약을 위한 밑거름이다

많은 실수를 하면서 보낸 삶은
아무것도 하지 않은 삶보다 더 명예로울 뿐만 아니라 더 유익하다.

− 조지 버나드 쇼 −

능력 있는 직원들을 이끄는 리더들은 특히 그들의 경력 초반의 실패에 대해 집착한다. 그들은 문제 직원과의 불쾌한 대화를 감정적으로 받아들인다. 그들은 상처를 받고 우울해한다. 그들은 화가 나서 자신의 일을 미워하기 시작한다.

하지만 조만간 그들은 실패도 단지 결과물의 하나일 뿐이라는 사실을 깨닫는다. 그것은 좋거나 나쁜 것이 아니다. 그저 중립적인 것이다.

실패를 연구해서 그 안에서 지혜를 얻는다면 실패는 좋은 것이 될 수 있다. 실패를 감정적으로 받아들인다면 좋지 않은 결과를 초래할 수도 있다.

위대한 언어학자 S.I. 하야가와 교수는 이렇게 말하고는 했다.

"세상에는 기본적으로 두 종류의 사람들이 있다. 어떤 일에 실패를 하고나서 '나는 그것에 실패했어.'라고 말하는 사람과 어떤 일에 실패를 하고 나서 '나는 실패자야.'라고 말하는 사람이다. 첫 번째 사람은 진실에 접근했고 두 번째 사람은 아니다."

"나는 실패자야!"

이 주장은 그를 잘 모르는 사람들에게 늘 거짓말로 보이지는 않는다. 그것은 슬픈 자기 인정으로 보일 수 있다. 사실 우리는 그런 과장을 진실한 고백이라고 관련짓기도 한다.

"인정하지 않을 이유가 어디 있어? 나는 실패자야."

하지만 심리적인 면을 보았을 때 우리가 듣는 것은 공포에 질린 목소리이다. 목적의식이 있는 목소리와는 다르다. 그것은 굴복과 내적 패배의 목소리, '시작하기도 전에 그만두기' 목소리이다.(사실 외적인 패배나 실패는 새로운 시작을 하고 활기를 되찾게 해준다.)

위대한 미식축구 코치 우디 헤이즈는 이렇게 말하고는 했다.

"실컷 얻어맞는 일처럼 정신을 맑게 해주는 것은 없다."

오늘 직원들을 이끌 때 이 한 가지을 항상 염두에 두어야 한다. 그들에게는 어떤 문제도 없다. 그들은 직업인으로서 탁월한 능력을 발휘하고 큰 성공을 거둘 가능성을 자신 안에 가지고 있다. 이 진실을 믿고 그들에게 '나는 실패자' 생각들을 전부 그것들이 있어야 할 쓰레기통으로 보내는 방법을 알려주어야 한다.

| 12 |

실천은 직원들을 감동시키는 훌륭한 웅변이다

행동은 가장 훌륭한 웅변이다.

- 셰익스피어 -

스콧은 20년 이상 변호사로 일해 왔고 두 개의 법률 회사를 운영했으며 그중 하나는 지금까지 17년을 운영해 오고 있다. 그는 또한 15명에 이르는 직원들을 데리고 있고, 다른 변호사들과 경영인들을 코치하는 일도 해왔다.

그는 이렇게 진술한다.

코치가 되는 일과 CEO의 자리에 있는 것이 전혀 다른 별개라는 것은 의심의 여지없이 확실한 사실이다.

나는 높은 자리에 있는 사람의 관점은 대단히 중요한 것이라고 생각한다. 나는 코치와 코치를 받는 두 가지 역할을 다 해오면서 높은 자리에 있는 사람에게 코치는 절대적인 가치가 있다는 것을 안다.

하지만 당신이 세계 최고의 코치를 데려온다 하더라도 높은 자리에 있는 사람이 여전히, 어떤 이유에서든지 그 코칭을 받아들이기로 선택하지 않는다면 그 노력은 헛수고가 된다. 조직에서 CEO들이 가장 중요한 사람인 이유가 바로 이것이다.

그들은 어떤 일들이 발생하거나 발생하지 않는가를 선택할 수 있기 때문이다.

코치는 마술지팡이를 흔들어서 상대의 결정과 상관없이 일들을 변화시킬 수는 없다. 그런 식으로 되는 것이 아니다. 결국 코치는 단지 조명을 비춰주고 보조를 할 뿐이다. 언제나 진정한 변화를 이루는 행동은 CEO의 적극성에서 나온다. 그러니 당신이 코칭을 받으려거든 그것을 행동으로 실천해야 한다. 그것은 직원들을 감동시키는 훌륭한 웅변이 될 것이다.

| 13 |

비전을 창조하고
그 비전을 실현해야 한다

대부분 중대한 목표들을 성취할 수 없는 이유는
우리가 시간을 두 번째로 중요한 일들에 쓰기 때문이다.

— 로버트 J. 맥케인(경영 컨설턴트) —

내가 이끄는 팀을 위한 비전을 만들지 않는다면 우리 팀은 문제들에 끌려 다니게 될 것이다. 목표(비전의 부분집합) 없이는 그저 문제들을 찾아 해결하러 다니고, 불편한 감정들을 해결하고 다른 사람들이 잘못하는 일들을 걱정하느라 바쁠 것이다.

나는 그들의 리더로서 문젯거리들을 끌어들일 것이다. 곧 나는 내가 하고 싶은 일들만 하게 될 것이다. 그러면 나는 내 능력을 제대로 발휘하지 못하고 내 두뇌의 아주 작은 일부만을 사용할 것이다.

하지만 창조하는 일을 시작할 때 우리는 뇌의 더 많은 부분을 사용한다. 우리는 인간이 할 수 있는 최고의 능력을 발휘하는 상태로 발전할 것이다. 그러니 리더로서의 내 최우선 과제는 우리가 어떤 모습이 되기를 원하는지 비전을 창조하는 것이다.

그리고 그다음에는 마치 지금 이 순간 그 비전이 실현된 것처럼 그 그림 안에서 살도록 하는 것이다. 이 비전은 회사 연수가 끝나고 난 뒤에는 누구도 신경 쓰지 않는, 액자에 걸린 문구 같은 것이어서는 안 된다. 직원설문조사에서의 상사에 관한 가장 큰 불만 중 하나가 "그는 우리 팀이 어디를 향해 가는지를 전혀 모르고 있었어요."라는 것은 놀라운 일이 아니다.

비전을 창조하고 그 비전을 실현해야 한다.

| 14 |
리더십은 주체적으로 행동할 때 빛을 발한다

용기는 두려움의 부재가 아니라
다른 무엇이 두려움보다 더 중요하다는 판단이다.

− 앰브로즈 레드문(미국 철학자) −

리더로서 당신이 빠질 수 있는 최악의 덫은 매순간 윗사람들이 당신을 어떻게 생각할까 걱정하고, 직원들을 격려하는 진짜 일을 하는 대신 윗사람들을 감동시키기 위해 하찮은 일들을 하는 것이다.

본보기를 통한 위대한 리더십(궁극적인 동기 부여 요인)은 리더가 주체적으로 추진하는 일을 더 잘할 때 나오는 것이지 다른 사람들의 마음에 들려고 애쓸 때 나오는 것이 아니다. 주체적으로 행동할 때 당신은 리더십의 힘을 기르고 자존감도 높일 수 있다.

역설적이게도 우리가 자신의 최고의 결과를 내고 개인적인 목표와 성공을 위한 목표를 성취하기 위한 행동을 하는 일에 집중할수록 우리는 다른 사람들에게 더 큰 도움이 된다. 이것은 결코 이기적이라 할 수 없다. 항상 다른 사람들의 비판을 걱정하는 사람 곁에 있는 것처럼 의욕을 잃게 하는 것은 없다.

| 15 |

요청을 두려워해서는 안 된다

모든 사람들은 무언가를 팔면서 살아간다.

― 로버트 루이스 스티븐슨 ―

댄 케네디는 평생 고객을 만나 직접 판매하는 일을 많이 해온 지역 마케팅 전문가이다. 그가 만났던 최고의 의사, 변호사, 교사, 사업가들 대부분은 예외 없이 얼마간의 세일즈 경험이 있다는 사실을 발견했다.

스콧은 이렇게 회상한다.

나는 왜 내가 프로젝트를 진행할 때마다 사람들을 모으는 일에 전혀 어려움이 없는지 의아했다. 그것은 그냥 내게는 아주 쉬운 일이었다. 나는 댄 케네디의 말을 들었을 때 '맞아, 그가 옳아!' 하고 생각했다. 내가 직접 세일즈를 하는 경험을 해보기 전에 나는 프로젝트와 아이디어를 실행에 옮기려고 사람들을 모으는 데 아주 서툴렀다.

하지만 세일즈 경험이 있던 다음에는 나는 그 일을 아주 잘하게 되었다. 내 삶에서 그 변신을 어떻게 경험했는지 말해주겠다.

나는 대학에 가기 전에 여름을 펜실베이니아에서 책 방문판매를 하기로 결심했다. 나는 미국에서 제일 큰 책 방문판매회사인 사우스 웨스턴이라는 곳에 일주일간의 세일즈 트레이닝학교에 참석했다.(그들은 주로 대학생들을 고용해서 여름방학 동안 일하게 했다.)

이 한 주 동안 우리는 기본적인 것들을 배웠다. 그것은 구식 세일즈 방법이었다. 먼저 판촉 선전하는 대사를 배우고 외웠다. 그다음 초인종을 누르고 인사하는 법, 자신감을 기르는 법, 들어가서 발표하는 법, 세일즈 클로징 하는 법(정중하게 구매를 요구하는 것)을 배웠다. 그냥 고전적 세일즈 기법이었다.

나는 제일 처음 방문한 집에서 실제로 뭔가를 팔았다. 그리고 이렇게 생각했다. '이야, 이게 정말 되는구나. 식은 죽 먹기인걸.'

하지만 다음 2주 동안 그것이 내가 판매한 유일한 것이었다. 내 세일즈 담당 매니저는 뭐가 잘못됐는지 보려고 나와 함께 일해 보기로 했다. 그리고 나서 그는 진단을 내렸다.

"스콧, 자네는 클로징을 하고 있지 않아. 심지어 구매를 요구하지도 않고 있어."

"제가 클로징을 하지 않다니요? 저는 당연히 클로징을 해요."

"아니, 자네는 하지 않아. 한 번도 클로징을 하지 않았어."

"안 했다고요?"

"안 했어. 이것 봐. 우리는 적어도 3번 클로징하라고 가르쳤네만 자네는 그렇지 않잖아. 그냥 고객들에게 책들을 조금만 보여주고 그다음 클로징을 하게. 만약 고객이 '아니오. 나는 관심 없어요.'라고 말하면 자넨 이렇게 말하는 거야. '무슨 말씀인지 잘 알아요.' 그리고 책들을 조금 더 보여주고 또다시 클로징하는 거야."

나는 말했다.

"말도 안 돼요. 나는 엉덩이를 채이고 쫓겨날 거예요!"

"그냥 해보게."

다른 방식이 효과가 없었기 때문에 나는 그냥 에라 모르겠다는 심정이었다.

그래서 다음 번 방문한 집에서 나는 책을 약간 소개하고 나서 부인에게 주문하시겠냐고 물었다.

그녀는 이렇게 말했다.

"음, 별로 관심이 가지 않네요."

"괜찮아요. 무슨 말씀인지 잘 압니다."

나는 이렇게 말했다.

그런 다음 그녀에게 조금 더 보여주었고 다시 계약을 종용했다. 그리자 그녀는 이렇게 말했다.

"글쎄요. 잘 모르겠어요. 나는 돈이 없어요."

"무슨 말씀인지 잘 압니다."

나는 말했다.

그리고 나는 그녀에게 조금 더 보여주고, 다시 구매 의사를 물었다. 나는 그녀에게 적어도 5번은 구매 의사를 물었고 속으로 이렇게 생각했다.

'세상에. 이걸 얼마나 더 해야 하는 거지? 그녀가 나를 아직 쫓아내지 않은 걸 보니, 어쨌든 계속해야겠어.'

그리고 마침내 아마도 여섯 번째 클로징에서 그녀는 말했다.

"좋아요!"

나는 충격을 받았다.

하지만 더 놀라운 일은 나중에 일어났다.

알고 봤더니 이 친절한 부인은 바로 펜실베이니아 게티즈버그 은행에서 일하고 있었다.

어느 날 나는 세일즈를 해서 번 돈을 모두 은행에 입금하러 갔고 거기서 그녀를 보았다. 그녀는 창구직원으로 일하고 있었다. 나는 돈을 입금하려고 들이밀었고 그녀는 나를 보고 아주 당황한 모습이었다. 나는 속으로 이렇게 생각했다.

'오 맙소사. 내가 그녀에게 억지로 책을 사게 해서 이제 그녀가 기분이 안 좋은가 봐. 하지만 음, 우린 항상 고객들에게 주문을 취소할 수 있다고 말하잖아.'

그래서 나는 내 돈을 그녀를 향해 들이밀면서 이렇게 말했다.

"이 돈을 예금하고 싶은데요."

그러자 그녀는 말했다.

"있잖아요, 스콧. 내가 결정을 하는 데 너무 오래 걸린 것 때문에 기분이 상하지 않았기를 바랄게요. 하지만 나는 그저 그 책들이 정말 필요한지 확실히 하고 싶었어요. 지금 나는 그 책들을 사서 아주 기뻐요."

얼마나 큰 교훈인가. 그래서 그때 이후로 나는 절대 요청하는 것을 두려워하지 않게 되었다. 이것을 리더십에 적용하면 당신이 원하는 것을 요청하고, 요청을 아주 직설적으로 하고, 대화를 요청하고 약속을 받아내는 데 집중하도록 하는 것을 의미한다.

당신이 직원들이 했으면 하는 것이 무엇인지 확인해야 한다. 그런 다음 그들에게 그 아이디어를 팔아야 한다. 하지만 클로징하는 것을 잊지 말아야 한다. 강력하고 구체적인 요청(클로징)을 하는 것을 잊지 말고 그다음 요청에 대한 강력하고 구체적인 약속을 받아내는 것이다.

| 16 |
호감보다는 존경을 사야 한다

스타일에 있어서는 유행을 따라 흘러가라.
하지만 원칙에 있어서는 바위처럼 단단히 서 있어라.

– 토머스 제퍼슨 –

"자신을 엄격히 다스려라. 그럼 다른 사람들은 그럴 필요가 없을 것이다."

코치 존 우든은 그의 선수들에게 이렇게 말했다.

"절대 거짓말을 하지 마라. 절대 반칙하지 마라. 절대 훔치지 마라. 그리고 긍지와 자신감이 넘치는 권리를 획득하라."

존 우든이 왜 역사상 가장 뛰어난 대학농구 코치였는지 알만하다. 어느 누구도 그에 근접한 사람은 없었다. 어느 누구도 우든처럼 선수들에게 탁월하게 동기 부여를 한 사람은 없었다.

재능 있는 스포츠 칼럼니스트 릭 라일리는 이렇게 회상한다.

당신이 존 우든 코치의 팀에서 그의 룰에 따라 경기를 한다면 다음을 반드시 지켜야 한다.

"절대 동료의 어시스트에 감사하지 않고는 득점하지 마라. 비속어 한 마디만 해도 그날 하루는 뛸 수 없다. 상대팀을 존중으로 대하라."

코치 우든은 말도 안 되게 고지식한 것들을 믿었다. 하지만 그 결과는 챔피언십 우승만을 가져다 줄 뿐이었다.

등 뒤나 다리 사이 드리블도 금지시켰다.("그럴 필요는 없어." 그는 이렇게 말하고는 했다.)

존 우든의 감독하에서는 UCLA 농구팀의 어떤 등번호도 비워두는 일은 없었다.("그 번호를 예전에 썼던 친구들은 뭐야? 그들은 팀에 기여하지 않았나?" 코치 우든은 이렇게 말하고는 했다.)

머리 기르기, 얼굴에 털 기르기도 금지시켰다.("너무 길면 말리는 데 오래 걸리고 그대로 체육관을 나서면 감기에 걸릴 수 있으니까."라고 그는 말했다.)

이 규칙은 선수들을 완전히 미쳐버리게 만들었다. 어느 날 미국 최고의 센터 빌 월튼이 얼굴에 턱수염을 가득 기르고 나타났다.

"이건 제 권리라고요."

그가 주장했다.

우든 코치는 그에게 그 생각을 절실하게 믿느냐고 물었다. 월튼은 그렇다고 대답했다.

"좋아, 빌."

코치가 말했다.

"나는 강한 믿음을 갖고 그 믿음에 따라 사는 사람들을 존경하네. 정말이야. 우리는 자네가 그리울 걸세."

월튼은 그 자리에서 당장 수염을 밀어버렸다. 이제 월튼은 일주일에 한 번씩 코치에게 전화를 걸어 그에게 사랑한다고 말한다.

사람들에게 동기를 부여하는 사람이 되는 두 가지 길이 있다. 하나는 사람들의 호감을 사려고 하는 것이고 다른 하나는 존 우든이 그랬던 것처럼 그들의 존경을 사는 것이다. 그들의 존경이 충분히 깊어지면 당신은 어쩌면 결국 사랑받게 될지도 모른다.

| 17 |

감정적 반응보다는
능동적으로 행동해야 한다

상황에 수동적으로 반응하며 살아가는 삶은
지적으로나 정신적으로 노예의 삶이다.
인간은 반응하는 삶이 아니라 행동하는 삶을 위해 싸워야 한다.

– 리타 매 브라운(추리 소설가) –

사람들에게 동기를 부여하는 일을 잘못하는 리더들의 공통적인 기본 문제는 온종일 사람들에게 수동적으로 반응하고 있다는 것이다.

그들은 사람들에게 부정적인 감정으로 대응하면서 허우적대고 있다. 이런 타입의 리더들의 이야기를 잠시 듣다 보면 컨트리 음악의 가사를 듣고 있는 듯한 재미있는 인상을 받는다. 그런 컨트리 음악을 알 것이다.

"난 너무 많은 상처를 받아서 다시는 사랑을 할 수가 없어요." 또는 "나는 여자를 믿지 않아." 또는 "남자는 믿을 수 없어." 등의 주제를 노래하는 것들 말이다. 실제로 이런 노래 제목들도 있다. "여기가 추운 건가요, 아니면 당신 때문인가요?" 또는 "내 아내 랜은 내 친한 친구와 도망을 가버렸지. 나는 그 친구가 보고 싶어."

컨트리 음악은 그 자체로는 매력 있다. 또한 정말 슬픈 노래들(피해자의 마음을 시로 읊은 것들)은 그 나름대로 아름답다. 하지만 그것에 깔린 기본 철학은 리더가 원하는 열의 넘치는 팀을 만드는 일에는 효과적이지 않다.

직원들의 행동에 감정적으로 대응하면서 하루를 보낸 리더들은 정말로 비참하다. 그런 리더들에게 필요한 것은 살짝 방향을 트는 것이다. 커다란 변화가 아니라 작은 변화이다. 마치 엔진이 정교하게 정비된 차에서 기어를 살짝 바꾸는 것과 같다.

그들은 반응하는 것에서 창조하기로 살짝 옮겨가는 것이 필요하다. 그들이 하는 모든 반응하는 행동들은 습관이다. 단지 습관일 뿐이기 때문에 변화의 가능성은 완전히 열려 있다.

비즈니스 코치 댄 설리반은 그것을 이렇게 잘 표현했다.

"습관을 바꾸는 일이 어려운 것은 우리 자신에게 완전히 자연스럽게 느끼는 것을 바꾸어야 한다는 점이다. 좋은 습관들은 자연스럽게 느껴진다. 나쁜 습관들 역시 자연스럽게 느껴진다. 그것이 습관의 본질이다. 자연스럽게 느껴지는 나쁜 습관을 자연스럽게 느껴지는 좋은 습관으로 바꾼다면 당신은 완전히 똑같이 느낄 것이다. 단지 완전히 다른 결과를 얻게 될 뿐이다."

직원들에게 수동적으로 반응하는 습관에서 벗어나는 여정의 첫 단계는 자신에게 간단한 질문을 던지는 것이다. 이것은 랄프 왈도 에머슨이 아주 오래전에 물었던 질문이었다.

"내 행복이 왜 다른 누군가의 머릿속에서 일어나는 생각에 달려 있어야 하는 거지?"

우리가 이 질문에 언제 어떤 식으로 대답하든지 간에 이 질문은 우리가 사람들에게 단순히 반응하지 않고 창의적으로 관계를 맺을 가능성을 보기 시작할 필요가 있다는 통찰을 가져다준다.

| 18 |
누구나 Yes라는 말을 하고 싶어 한다

당신이 사람들의 신뢰를 받고 영향력이 있는 위치에 서게 된다면
생각하기 전에 꿈을 조금 꾸어라.

– 토니 모리슨(작가) –

팀원들에게 도움이 될 어떤 일을 윗사람들에게 그냥 부탁할 수 있기를 원하지 않는가? 그것을 단순히 요청을 하고, 약속을 받아내고, 행동이 이행되는 일로 만들 수 있다면 리더로서의 역할은 훨씬 더 간단해질 것이다. 그렇게 될 수 있다.

당신이 요청을 하기 전에 이 사실을 아는 것이 도움이 될 것이다. 모든 사람들(당신의 상사, 고객, 직원들)은 정말로 Yes라고 말하고 싶어 한다는 것을.

우리는 의사소통에 관한 세미나에 참석한 적이 있었다. 그 세미나에서 우리는 한 과제를 받았는데 그것은 사람들이 정말로 긍정적인 대

답을 하고 싶어 한다는 사실을 극대화하여 경험할 수 있도록 하는 것이었다.

우리는 긴 저녁 휴식시간 동안 밖으로 나가서 사람들에게 터무니없는 요청 3가지를 부탁해서 거절하는 대답을 받아내는 것이었다. 그것이 임무였다. 우리는 돌아오기 전까지 세 번의 거절을 받아와야만 했다.

우리는 이것이 간단한 일이라고 생각했다. 스콧은 저녁식사를 마친 뒤 옆 테이블에 앉은 숙녀에게 다가가 이렇게 말했다.

"저기요. 제가 현금이 조금 모자라서 그러는데요. 제 식사비용을 대신 내주실 수 있을까요?"

그는 이것이 꽤 터무니없는 부탁이라고 생각했고 그녀가 그에게 꺼지라고 말할 것이라 확신했다.

그녀가 이렇게 말했을 때 그는 깜짝 놀랐다.

"음. 지금 내게 그것을 낼 충분한 돈이 있는지 모르겠네요."

그녀가 말했다.

그래서 스콧은 그녀가 거절하도록 유도하기 시작했다.

"오. 괜찮아요. 그냥 물어본 거예요. 거절하셔도 돼요."

하지만 그녀는 거절하지 않으려고 했다!

그녀는 이렇게 말했다.

"음. 잘 모르겠네요……."

"달리 말해 싫다는 거죠?"

"음. 네, 그런 것 같아요. 안 되겠어요."

"감사합니다!"

스콧은 그녀가 거절하게 만들려고 열심히 노력해야만 했다. 그런 다음 스콧은 식사를 계산하러 계산대로 걸어갔고 거기에는 한 남자가 계산을 하려고 기다리고 있었다.

스콧은 생각했다.

'문제없어. 이 남자한테는 빨리 거절을 받아낼 수 있을 거야.'

"저기요. 제가 현금이 조금 부족한데요."

스콧이 말했다.

"제 식사비를 내주실 수 있을까요?"

"글쎄요. 잘 모르겠네요. 이게 무슨 일이죠?"

"음. 거절하셔도 돼요."

꽤 시간이 걸리긴 했지만(스콧은 곧 거절해 달라고 구걸해야만 했다). 결국 그가 거절하도록 만들었다.

2번 성공했고 이제 한 번만 남았다.

스콧은 그 남자 바로 옆에 있던 여자에게 몸을 돌려 이렇게 말했다.

"아주머니는요? 제 식사비를 내주시겠어요?"

그녀는 무슨 상황인지 이미 들었고 그래서 거절을 받는 것은 힘들지 않을 것처럼 보였다. 하지만 아니었다. 그녀는 밥값을 지불하는 데 적극적이었지만 아주 긴 실랑이 끝에 결국 그녀는 거절했다.

이 경험은 우리에게 많은 것을 가르쳐주었다. 사람들은 모두 다 승낙하고 싶어 한다는 것을.

그래서 이제 우리는 실행하고 싶은 프로젝트가 있을 때마다 거리낌 없이 밖으로 나가 요청하기 시작한다.

우리는 대부분의 사람들이 터무니없다고 할 만한 요청을 하는데 어떤 두려움이나 머뭇거림도 없다. 왜냐하면 우리는 경험을 통해(여러 번 검증을 한 이후에) 사람들의 자연스러운 행동경향은 승낙하는 것이라는 사실을 알기 때문이다.

그러니 위계질서에서 위아래 할 것 없이 당신이 원하는 것을 요청해야 한다.

만약 당신이 윗사람들에게서 뭔가 필요하다면 그것을 당당히 요구해야 한다. 당신이 그들의 동의를 얻게 되면, 직원들에게 윗사람들이 우리 일에 도움이 될 어떤 일들을 해주기로 했는지에 관한 좋은 소식들을 계속 가져오는 것이다. 당신은 그들에게 요청하는 일의 힘을 가르쳐줄 수 있을 것이다.

| 19 |

변화가 아닌
살짝 방향전환을 하는 것뿐이다

나에게 아무 결함도 없다는 것을 인정하는 데는 굉장한 용기가 필요하다.

― 케리 후버(작가이자 선 철학자)―

우리의 강연을 듣거나 책을 읽은 많은 사람들은 우리에게 연락을 해서 이렇게 말한다.

"나는 정말 변해야만 해요. 나는 내 삶을 완전히 바꾸어야만 해요. 나는 이제까지 강압적이고 편집증적인 무의식적으로 행동하는 상사였어요. 나는 리더가 되는 법을 배울 준비가 되었어요."

우리는 그들에게 우리가 모든 사람들에게 공통적으로 하는 말을 한다.

"당신은 바뀔 필요가 없어요. 당신에게 필요한 것은 살짝 방향전환을 하는 것뿐이에요."

스포츠카를 조금 더 부드럽고 빨리 달리게 하려면 기어상자를 통째로 들어내서 새것을 넣어야만 하는가? 아니면 그저 기어의 위치를 옮기기만 하면 되는가? 기어를 바꾸는 것은 어려운 일인가? 타이어를 교체하는 것만큼 어려운가? 아니면 그저 안으로 밀어 넣기만 하면 되는가?

당신이 더 높은 수준의 리더십 행동을 하려고 한다면 당신이 할 일은 단지 기어를 바꾸는 것뿐이다. 당신은 기어상자를 통째로 교체할 필요는 없다. 그저 살짝 방향을 바꾸면 된다. 그다음 가속페달을 밟고 붕하고 나아가면 된다.

자신의 태도를 고쳐야만 하는가? 어떻게? 왜? 그런데 태도라는 것이 대체 무엇인가? 그것을 어떻게 바꿀 수 있는가? 태도는 나이 든 어른들이 아이들이나 젊은 사람들을 겁주려고 사용하는 말이다. 절대적으로 가학적인 통제도구이다.

"너는 태도를 좀 바꾸면 좋을 거다, 아들!"

"어떻게요, 아빠?"

"쓸데없는 참견을 하지 마라."

"어떻게 그렇게 하는데요?"

"안 됐구나. 내가 확실히 이야기해주마."

만약 당신이 이런 대화에 참여한 적이 있다면, 당신은 변화하는 것에 대한 이해를 완전히 잘못된 길에서 시작한 것이다.

재창조는 일련의 작은 변화들이 모여 일어나는 것이다. 그것은 여정이다. 혁명이 아니다. 삶의 한 방식이 되는 것이다.

그냥 시작하면 된다.

긍정적인 이메일은 행동을 변화시킨다

비관주의자는 그 누구도 별의 신비를 발견하거나
미지의 세계로 항해를 떠나거나
인간의 정신에 새로운 천국을 열었던 적이 없다.

– 헬렌 켈러 –

당신이 직원들에게 보내는 모든 이메일은 하나의 기회가 될 수 있다. 팀에 활기를 북돋우고 다음 프로젝트를 위해 전염성 있는 열정에 불을 지필 낙관주의를 퍼뜨릴 신선한 기회이다.

하지만 열에 아홉의 리더들이 이 기회를 무시한다. 대신 그들은 종종 감정 없는 이메일을 보내거나 짧고 간결한 이메일을 보내고, 때로는 화를 내는 이메일을 보내기도 한다. 이런 것들은 모두 실수이다.

왜냐하면 당신이 할 첫 번째 일, 직원들에게 일을 가르치는 일보다 먼저 할 일은 그들에게 동기를 부여하는 것이기 때문이다.

그러니 여기서 시작하자. 어쨌거나 이메일은 냉랭한 매체라는 것을 이해해야 한다. 그 안에는 어떤 목소리나 톤도 들어 있지 않다. 눈의 반짝임이나 따뜻한 표정도 없다. 그저 냉랭한 전자식 매체이다. 따라서 감정 없는 이메일도 받는 사람에게는 쌀쌀맞게 느껴질 수 있다. 심지어 단순히 정보를 전달하는 이메일도 당신이 활기를 불어넣지 않는다면 차갑고 부정적으로 느껴진다.

항상 활기를 불어넣어야 한다.

상사가 직원들에게 전하는 모든 의사소통은 낙관주의를 서서히 불어넣을 기회가 될 수 있다. 그 기회를 낭비해서는 안 된다. 진정한 리더는 절대 이 기회를 놓치지 않는다. 이메일을 보내기 전에 자신이 쓴 이메일을 다시 확인해야 한다.

이메일에 수신인에 대한 인정이나 감사의 말을 포함하고 있는가?

수신인을 칭찬하고 있는가?

용기를 북돋아주고 있는가?

받는 사람을 행복하게 해주는가?

만약 그렇지 않다면 몇 분을 더 투자해서 재검토해야 한다. 부정적인 톤을 긍정적인 것으로 바꾸고 분위기를 밝게 해야 한다. 자신에게 묻자.

"내가 이 이메일을 받는다면 기분이 좋을까? 내가 이것을 받는다면 영광스럽고 인정받는다고 느낄까?"

연구들은 행동을 변화시키는 데에는 부정적인 비판보다 긍정적인 강화가 7배가 더 효과적이라는 결과를 계속해서 보여준다.

부정적인 비판은 분개, 우울함, 분노, 고의적인 방해 행위를 유발할 수 있다. 사람들은 당신과 소원해지고 인정을 덜 받는다고 느끼면 당신의 리더십을 고의로 방해할 수도 있다.

이메일에 활기를 넣어야 한다. 그리고 어떤 일이 일어나는지 보자. 무턱대고 믿지 말고 실험을 해보는 것이다.

직원들의 절반에게는 감정 없는 이메일을 보내고 다른 절반에게는 긍정적인 이메일을 보내 보자. 그리고 어느 편이 최고의 결과를 내는지를 보는 것이다. 당신은 이것을 직접 하면서 테스트해 볼 수 있고 얻게 되는 결과에 대해 아주 기뻐하게 될 것이다.

5장

삶은 도전이며 당당히 맞서야 한다

도전은 사람을 성장하게 만든다.

만약 사람들이 도전이 주는 혜택을 보기 시작한다면

삶은 훨씬 더 재미있어질 것이다.

또한 그들은 더 강해질 것이다.

| 1 |

동기 부여는 그 자체로 완벽하다고 여기는 것이다

모두에게서 장점을 찾아라. 만약 당신이 충분히 기다려준다면
사람들은 당신을 놀라게 하고 감동을 안겨줄 것이다. 수년이 걸릴 수도 있다.
하지만 결국 사람들은 그들의 좋은 면을 보여줄 것이다.
계속 기다려라.

— 랜디 포시(전 카네기 멜론 대학 교수. '마지막 강의'로 유명함) —

비관론자와 피해자 마인드의 사람을 변화시키는 일에 관한 마지막 역설이 여기 있다.

사람들은 변할 필요가 없을 때 더 빨리 변한다. 만약 내가 당신과 같이 있는데 내 눈에, 내 마음에 당신이 있는 그대로 완벽해 보인다면 당신은 이제 더 자유롭게 변화할 수 있다. 이제 당신은 안정감, 평화, 열려있음을 느끼고 쉽게 변화할 수 있다.

만약 아내가 들어와서 "나 다이어트 좀 해야 할 것 같아요."라고 말한다면 당신은 이렇게 말할 것이다.

"아이고 잘 생각했어!"

하지만 이 말은 역효과를 낼 것이다. 당신은 그저 지지하는 것일 뿐이라고 말할 테지만 방향이 완전히 틀렸다. 내가 아내에게 할 수 있는 최고의 대답은 무엇일까? 그녀는 다이어트를 할 거라고 말한다. 그리고 나는 이렇게 대답한다. "왜?"

"음, 나 살 좀 빼야 한다고 생각하지 않아요?"

"아니, 나는 당신이 지금 그대로 완벽하다고 생각해. 나는 당신이 다이어트하는 일에는 어떤 의견도 없어. 그건 당신의 일이고 당신의 삶이니까. 나는 지금 당신 그대로가 좋아. 당신은 내게 완벽한 사람이거든."

"음. 좋아요. 그럼 당신은 내가 살을 빼야 한다고 생각하지 않나요?"

"당신이 원하지 않는다면, 그래야지."

"음. 나는 살을 빼고 싶어요."

"음. 그럼 그렇게 해. 나는 당신이 원하는 것을 하기를 바랄게."

"나를 지원해 줄래요? 도와줄래요? 이 다이어트 프로그램을 하면서 식단을 고치는 것을 도와줄래요?"

"물론이지."

"당신은 내가 살을 빼야 한다고 생각해요, 그렇지요?"

"아니. 그건 당신이 하는 프로젝트 같은 것이니까. 당신이 하고 싶어 하는 일이니까 나도 참여할게."

"좋아요. 그럼."

이와 같은 행동은 사람들에게 동기를 부여해준다. 당신의 아내는 이제 비판을 받거나 평가받는 것처럼 느낄 때보다 훨씬 더 의욕이 넘치게 된다.

만약 자신이 있는 그대로 완벽하다면 그는 이제 다른 사람들의 비판 때문에 그 일을 할 필요가 있거나 해야만 한다는 생각을 하지 않고 자유롭게 새로운 길을 창조할 수 있다.

다른 사람들이 나에 대해 어떻게 평가할 것이라는 생각은 의욕을 불러일으키지 못한다. 그 생각은 당신이 그 일을 해야 한다고 생각하면서도 하지 않게 만들 것이다. 하지만 그 일이 멋지고 재미있다는 생각이 들고, 그 일을 하는 것이 너무 좋다면, 당신은 이제 동기 부여가 된 것이다!

나는 낙관주의를 삶으로 보여줄 것이다. 나는 그것을 설교하지 않는다. 너무 많은 사람들이 설교를 하는 실수를 한다.

"나는 내 아이들에게 말하려고 애써요……. 나는 항상 아이들에게 어떻게 해야 한다고 가르치려고 애써요……. 나는 그들이 더 ~하게 만들려고 노력해요……."

아이들에게 직접 보여주어야 한다.

심지어 당신의 목소리 톤조차 낙관적이지 않다. 당신은 정말로 화가 나 있다. 당신은 그들이 낙관주의자가 아닌 것 때문에 정말로 기분이 좋지 않다. 당신이야말로 피해자처럼 행동한다.

당신은 이 상황에서 비관주의자다. 그들은 단지 있는 그대로의 모습을 보일 뿐이다. 그러니 긴장을 풀어야 한다.

당신 자신을 변화시켜야 한다.

| 2 |
의식적인 리더가 되어야 한다

보스는 두려움을 만들고 리더는 자신감을 만든다.
보스는 비난을 돌리고, 보스는 잘못을 바로잡는다.
보스는 모든 것을 알고 있고, 리더는 질문을 던진다.
보스는 일을 힘들게 만들고, 리더는 흥미롭게 만든다.

- 러셀 H. 유잉(작가) -

내가 무의식적으로 행동하는 상사라면 나도 진정한 리더가 되는 법을 배울 수 있을까? 물론 할 수 있다.

만약 당신이 진정한 리더로 변하고자 한다면 당신은 무의식적인 것들(리더로서의 내 헌신과 경영원칙들)을 의식적이고 분명한 것이 되도록 하는 일로 그 시작을 할 수 있다. 그것이 첫 단계이다. 그 과정은 컴퓨터 프로그램의 사용법을 배우는 것만큼이나 간단하다.

당신은 리더십을 주제로 한 미팅을 열고서 당신의 리더십 목표가 무엇인지, 어떻게 직원들을 리드를 할 의도인지를 아주 명백하게 밝힐 수도 있다.

당신은 모든 것을 분명히 해야 한다. 만약 회의실에 다른 동료 리더들이 있다면, 또 리더 역할을 하는 당신의 직원들이 있다면 그들에게도 똑같이 하도록 제안해야 한다. 우리가 어떻게 리드할 작정인지에 대해 더 숨김없이 밝힌다면 우리의 직원들도 더 의욕적이 될 것이다.

우리가 리더십 세미나에서 즐겨 제안하는 연습들 중 하나는 사람들에게 그들의 인생에서 리더로서 존경하고 찬양하는 사람의 이름을 적으라고 하는 것이다. 그 사람은 어쩌면 그들의 할머니일 수도 있고, 옛날 군대 소대장일 수도 있고, 예전 선생님일 수도 있으며, 예전에 일했던 회사의 상사일 수도 있다. 어떤 사람들은 존 F. 케네디나 윈스턴 처칠과 같이 자신에게 영향을 미친 역사상의 지도자들의 이름을 적기도 한다.

이 연습을 지금 해보자. 당신의 삶에서 리더로서 존경했던 사람을 떠올려보고 이름을 적는 것이다. 이제 당신이 가장 존경하는 그 사람에게 있는 세 가지 자질을 적으면 된다. 다 적을 때까지 읽어서는 안 된다.

좋다. 이제는 그 세 가지 자질들을 보자.

정직함, 열린 마음, 당신에 대한 완전한 믿음, 창의성, 비판하지 않는 교육 스타일 등 어떤 것일 수도 있다.

세 가지 자질이 무엇이든지 간에 그것들을 보자. 아마도, 십중팔구 그것들은 당신이 리더로서 가지고 있는 자질들일 것이다. 그리고 그 자질들은 당신의 직원들이 당신에 대해 말하는 세 가지 자질일 것이다!

그렇지 않은가? 그것들은 당신 자신의 모습이 아닌가?

이 연습은 엄청난 도움이 된다. 왜냐하면 그것은 당신이 어떻게 이미 당신이 존경하는 리더들의 모습을 내면화하고 구현했는지를 보여주기 때문이다. 하지만 지금까지는 무의식적인 것이었다. 이제 필요한 것은 그것을 의식적인 것으로 만드는 것이다. 그것을 의식적으로 만들고 매일 생생히 느끼는 것이다.

리더가 숨은 의도를 가지고 있는 것을 보는 것만큼 직원들을 낙담시키게 하는 것은 없다. 그런 상황은 당신이 추구하는 가치들이 지나치게 감춰진 상태로 진행될 때 일어난다. 직원들은 당신이 매일 어떤 의도로 행동하는지를 추측해야 할 때 의욕을 잃게 된다.

당신이 추구하는 것이 무엇인지 당신 자신과 직원들이 완전히 의식할 수 있게 하는 편이 훨씬 좋다.

| 3 |

미래에 초점을 맞추어야 한다

지도자의 본질은 비전을 갖는 것이다.
빈 트럼펫을 불수는 없지 않은가.

− 시어도어 M. 헤스버그(노트르담 대학 전 총장) −

종종 리더들은 무의식적으로 팀 미팅이나 일 대 일 회의가 지나치게 과거에 대한 이야기에 집중되는 것을 내버려둔다. 하지만 예전에는 어떠했었는지 왜 일하는 것이 '그때는 더 쉬웠는지'에 대한 이야기를 지속적으로 반복하는 것은 팀의 사기를 저하시킬 수 있다.

또한 팀원들은 불필요할 정도로 긴 시간 동안 실패와 실수들에 대해 철저히 논의하고, 분통을 터뜨리고, 논평하면서 자리를 지킨다. 이것은 미래를 희생한다. 그것은 또한 낙관주의와 높은 사기, 정돈된 좋은 방향 감각을 잃게 한다.

훌륭한 리더는 과거에 지나치게 집중하는 실수를 범하지 않는다. 훌륭한 리더는 과거를 미래에 대한 논의로 곧장 이끌어주는 발판으로 사용한다.

'우리가 이 실수로부터 미래에 도움이 될 어떤 것을 배울 수 있을까? 그리고 만약 이 일이 다시 일어난다면 우리는 이 일을 어떻게 더 잘 다룰 수 있을까?'

훌륭한 리더에게 과거는 정말로 오직 한 가지 목적으로만 사용된다. 미래를 만들 건설재료를 제공하는 것뿐이다.

과거는 붙들고 매달려 있을 어떤 것이 아니다.

진정한 리더는 리더십이란 사람들을 미래로 이끄는 것이라는 사실을 안다. 마치 보이스카우트 대장이 스카우트 대원들을 숲속으로 인도하는 것처럼 리더는 팀원들을 미래로 이끈다.

한 차원 높은 리더십으로 변화하기 위해서는 미래에 초점을 맞춘 대화의 비율을 급격히 늘리는 것이 필요하다. 다음 주 계획에 대해 논하고, 다음 달을 계획하고, 내년의 목표들을 설계하고, 지금부터 2년 뒤에 있을 기회들을 전망하는 것 등이다.

미래에 대해 논의할 때는 철저히 준비가 잘되도록 해야 한다. 비록 세부적인 사항들은 확실히 알지 못한다 하더라도 그 일에 대한 헌신, 비전, 전략들은 늘 준비되어야 한다.

무능한 리더들은 무의식적으로 미래를 포기하고, 미래에 대한 두려움을 퍼뜨린다. 그들은 미래가 얼마나 예측 불가능하고 위험한지에 대해 말한다.

그들은 잠재적인 문제들을 과장하고, 모든 것들의 예측 불가능성을 강조한다. 그들은 현실주의자로 보이기를 원할 테지만 실제로는 그저 준비를 제대로 하지 않았다고 말하는 것이 훨씬 더 솔직한 이야기일 것이다.

직원들에게 동기를 부여하는 일은 당신이 얼마나 지속적으로 정보를 제공하고, 팀의 미래에 대한 흥미로운 대화를 이끌어 나가는가에 달려 있다.

| 4 |
성공의 방법은
스스로 깨닫도록 해야 한다

그 사람이 당신을 위해 일하기를 원한다면
절대로 그가 당신에게 의존한다고 느끼게 하지 마라.
오히려 당신이 어떤 면에서 그에게 의존한다고 느끼게 만들어라.
- 조지 C. 마셜(장군) -

메르카도 교수는 스콧에게 위대한 바이올린 거장, 야사 하이페츠와 끔찍이 어려운 차이코프스키 바이올린 협주곡에 대한 이야기를 해주었다.

하이페츠의 스승은 위대한 독일 바이올리니스트 레오폴드 아우어였다. 메르카도 교수님은 이런 말을 한 적이 있었다.

"아우어 자신은 차이코프스키 바이올린 협주곡을 제 속도로 연주할 수 없었어. 하이페츠 이전에는 누구도 그 곡을 제 속도로 연주한 적이 없었단다."

하이페츠는 그 곡을 최초로 제 속도에 맞춰 연주한 사람이었다. 그의 스승인 아우어도 이 곡을 속도에 맞춰 연주할 수 없었고 그가 하이페츠를 가르쳤다면 어떻게 하이페츠가 그것을 할 수 있었을까?

어떤 사람들은 이렇게 말할지 모른다.

"음. 그는 그냥 재능이 뛰어났던 거겠지요."

하지만 메르카도 교수님은 그렇게 생각하지 않았다. 그는 내게 이렇게 말했다.

"스콧, 만약 아우어가 하이페츠에게 오직 아우어처럼만 연주하는 법을 가르쳤다면, 그랬다면 하이페츠는 절대 차이코프스키의 바이올린 협주곡을 제 속도로 연주하지 못했을 거야. 하지만 아우어는 그렇게 하지 않았어. 그는 하이페츠에게 어떻게 악기를 연주하는지 스스로 배우는 법을 가르치고 있었어. 이것이 하이페츠가 스승보다 더 뛰어날 수 있던 이유야."

이것은 아주 분명한 차이이다. 그리고 바로 이것이 아우어가 그렇게 비범한 교사였던 이유이다.

리더로서의 당신의 목표는 레오폴드 아우어가 그랬던 것처럼 당신이 이끄는 사람들이 당신보다 더 뛰어나게 되는 것을 절대 두려워하지 않고 가르치는 것이다. 왜냐하면 그것이 위대한 코치와 리더들이 하는 일이기 때문이다. 그들은 어떻게 성공할 수 있는지를 가르치지 않는다. 그들은 성공을 이루는 방법을 스스로 배우는 법을 우리에게 가르쳐준다.

| 5 |
자신에게 맞는 방법을
찾아야 한다

사람들은 리더와 보스의 차이를 묻는다.
리더는 열려 있는 상태로 일하는 반면, 보스는 감추면서 일한다.
리더는 사람들을 이끌고, 보스는 사람들을 몰아간다.
– 시어도어 루스벨트 –

스콧은 코치이자 스승인 로드니 메르카도 교수가 학생들로부터 뛰어난 성과를 이끌어내는 결정적 비법을 떠올린다.

만약 당신이 메르카도 교수님의 두 명의 제자가 나란히 서서 연주하는 것을 듣는다면 그들이 똑같은 선생님한테서 배웠을 리가 없다고 호언장담할 것이다.

당신은 절대로 물리적으로 불가능한 일이라고 말할 것이다. 왜냐하면 그들의 연주 스타일이 극단적으로 다르기 때문이다.

음악 레슨을 들어본 사람들은 학생들이 연주하는 방식을 보면 선생님이 누구인지 알 수 있다는 사실을 알고 있다.

하지만 메르카도 교수님이 가르치는 학생들의 경우 당신은 선생님이 누구인지 절대 알 수 없을 뿐만 아니라 그들이 같은 선생님한테 배웠을 리는 없다고, 그것은 불가능한 일이라고 장담할 것이다.

메르카도 교수님은 어떻게 그렇게 할 수 있었을까? 한 가지 확실한 것은 메르카도 교수님은 우리에게 절대 "하지 마."란 말을 하지 않았고, 절대 "아니야."라는 말도 하지 않았다. 그는 우리에게 악기를 어떻게 연주해야 하는지도 절대 말하지 않았다.

대표적인 예로는 아주 기초적인 수업으로 활을 어떻게 쥐느냐를 배웠던 때가 있었다.

메르카도 교수님은 이렇게 말했다.

"좋아, 스콧. 손을 이런 식으로 잡아보렴."

그는 내가 극단적인 자세로 활을 잡도록 했다. 활을 사용할 수 있는 범위 내에서 가능한 최대한 오른쪽으로 손을 잡았다. 그는 내가 그 상태로 음악을 약간 연주하게 했다.

다음에는 이렇게 말했다.

"좋아. 잘했어. 이제는 그 반대로 해보자."

그리고는 내가 손을 가능한 완전히 왼쪽으로 잡아서 아주 불편한 자세가 되게 했다. 그런 다음 이렇게 말했다.

"이 악절을 연주해보렴."

그런 다음 메르카도 교수님은 내게 이렇게 물었다.

"이제 이 두 가지 극단적인 자세 중에서 하나를 고른다면 너는 어떤 것을 고르겠니?"

"글쎄요. 완전히 왼쪽으로 잡는 것이오. 그 방법이 완전히 오른쪽으로 잡는 것보다는 덜 불편했어요."

"그럼 스콧, 이 사실이 네게 말해주는 것이 뭐겠니? 너는 활을 잡는 손을 완전 오른쪽과 완전 왼쪽의 중간 어딘가를 잡아야 하는데, 오른쪽보다는 왼쪽에 조금 더 가까운 쪽이 좋을 거라는 것을 말해주는 것이지. 네게 가장 좋은 방법을 찾아야 한다."

만약 내가 "만약 다른 사람들이 특정한 방식으로 잡아야 한다고 말하면 어떡하나요?" 하고 묻는다면 메르카도 선생님은 활을 다르게 잡는 프로 바이올리니스트들의 예를 줄줄이 들 것이었다. 그는 내게 왜 그런지 생각해보게 했다.

"그래서 이 사실에서 무엇을 알 수 있니, 스콧?"

"음. 활을 잡는 방법은 단 하나의 옳은 방법이 있는 것이 아니라는 것이오."

"그렇지. 그러니 네게 맞는 방법을 찾아라."

이것이 그가 가르치는 방식이었다.

나는 메르카도 교수님의 이런 수업방식에서 교훈을 얻었다. 그래서 나는 이 교훈을 리더십에 적용했고, 어떤 일을 할 때는 단 하나의 옳은 방법만 있는 것이 아니라고 응용했다. 나는 직원들에게 전화업무를 하고 고객한테서 정보를 얻는 '옳은 방법'을 알려주는 것이 아니라 그들이 자신만의 방식을 개발하도록 할 것이다. 내가 옛날 메르카도 교수님의 음악 수업에서 배웠던 그 교훈은 그 방향으로 사람들을 부드럽게 안내하면 그들은 자신만의 방식으로 스스로 동기 부여 한다는 것이었다.

| 6 |
낙관론자는 기회와 가능성 쪽으로 눈을 돌린다

리더는 희망을 주는 사람이다.

― 나폴레옹 보나파르트 ―

회의주의는 리더가 할 수 있는 가장 근본적인 실수이다. 그것은 조직의 미래, 그리고 팀원들의 미래에 대해 낙관적이지 않는 리더가 취하는 태도이다. 또한 팀원들을 위해 최근에 결정된 회사의 변화들에 대한 이론적인 근거를 찾아보는 일을 거부하고 그 회사의 성공을 지지하는 일을 거절하는 것이다. 회사에서 진행 중인 전략을 지지하는 일을 거절하는 것이다.

또한 회의주의는 좋은 면을 보지 않고 모든 문제들의 나쁜 면만을 인정하고 동의하는 과장된 경향이다.

때로 낙관주의를 취하는 것은 외롭고 용기가 필요한 일이다. 리더들 대부분이 낙관주의를 취하지 않는 이유는 바로 이 때문이다. 안타까운 사실은 팀원들이 리더에게서 가장 원하고 필요로 하는 것은 바로 낙관주의라는 것이다.

무의식적으로 행동하는 상사는 자신이 늘 회의적인 상태로 있는 것이 팀원들에게 어떤 영향을 미치는지 깨닫지 못하는 반면 진정한 리더는 낙관주의가 정확히 어떤 것이고 무엇을 위한 것인지 잘 알고 있다.

낙관주의는 불만이나 후회보다는 가능성과 기회에 집중하는 행위이다.

진정한 낙관론자는 장밋빛 안경을 쓴 생각 없는 극단적 낙관론자가 아니다. 진정한 낙관론자는 그보다 더 현실적이다. 진정한 낙관론자는 조직의 문제점을 직면하고 이해하는 일을 두려워하지 않는다.

하지만 일단 문제를 충분히 규명하고 나면 낙관론자는 다시 기회와 가능성 쪽으로 눈을 돌린다.

낙관적인 리더들은 모든 상황의 불리한 면을 인정한다. 그런 다음에는 긍정적인 면에 집중한다.

그들은 또한 부하들과 나누는 대화에서 긍정적인 면을 주로 전달한다. 부정적인 면은 이미 부하들 사이에 잘 알려져 있다. 하지만 긍정적인 면은 절대 그렇지 않다. 누가 바보 같은 낙천주의자처럼 보이고 싶겠는가? 영리하고 재치 있는 회의론자가 되는 편이 훨씬 더 인기 있고 쉬운 일이다. 하지만 그것은 리더십이 아니다.

늘 투덜대고 회의적인 상태의 팀원들과 직면해야 하는 낙관주의에는 용기와 에너지가 필요하다. 이것은 보통 사람들은 절대 기꺼이 하지 않으려 하는 일이다.

하지만 이것은 리더십의 심장과 정신이다.

때로 당신은 당신의 낙관주의 때문에 공격을 받을 수도 있지만 결국 팀원들은 당신의 그 점을 가장 사랑하게 된다.

| 7 |
노력이나 시도가 아닌 결과에 집중해야 한다

문제들을 논리적으로 따져 해결하기를 기대하지 마라.
문제에 관심을 주지 마라.
그러면 그것들은 알지도 못하는 사이 서서히 사라질 것이다.
비즈니스에 대한 당신의 생각을 고치고 휴식시간을 동료와 함께 보내면
햇살이 당신의 마음속에 비쳐들 것이다.

– 새뮤얼 존슨 –

당신이 관심을 주는 것은 무엇이든 팽창한다.

집에 있는 화초에 관심을 기울여보자 그럼 잘 자랄 것이다.

당신의 최고 목표에 주의를 기울여보자. 당신의 열정과 지식이 그 대의의 성공을 키울 것이다. 당신이 어떤 곳에 주의를 기울이든 주의의 대상은 자란다.

직원들과 대화를 할 때는 항상 당신이 이루기를 원하는 결과물을 집중적으로 이야기해야 한다. 당신이 관리직 직원들을 칭찬할 때, 그들의 목표를 위한 노력이나 시도가 아닌 그들이 성취했으면 하는 결과에 집중해야 한다.

대부분의 리더들은 이 결정적인 행동을 빠뜨린다.

그들은 끊임없이 노력하는 모습을 칭찬한다. 그러면서 그것이 직원들에게 항상 노력하는 것만으로도 충분하다는 메시지를 은밀히 보내고 있다는 사실을 깨닫지 못한다. 그러면 당신의 직원들은 노력하는 모습만 보여준다면, 그들이 하는 활동들을 보여준다면 최종 결과에 집중할 필요가 없다고 생각하게 된다.

무엇보다도 최종 결과를 칭찬하는 것을 분명히 해야 한다. 그렇게 한다면 당신은 더 나은 최종 결과를 얻게 될 것이다. 직원들이 당신이 원하는 목표를 이루게 하고 싶다면 당신은 계속 실적을 이야기하는 사람이 되어야 한다.

더 적은 결과와 더 많은 노력, 당신이 무엇을 칭찬하든 그것은 자란다. 항상 자란다. 그것이 수확의 법칙이다.

주의를 기울이는 것의 힘은 강력하다.

하지만 대부분의 사람들은 온종일 외부의 자극들 때문에 주의가 산만해지고 이리저리 관심이 흩어지도록 내버려둔다. 뜻밖의 전화 한 통, 짜증나는 이메일, 누군가 내 책상에 다가와 유도성 있는 질문을 하는 식으로 주의는 너무 산만해져 버린다.

하지만 당신의 주의는 돈과 같다. 귀중한 보물이다. 그것은 대상에게 쏟아진다.

우리는 주의를 쏟는다. 투자한다. 당신이 주의를 쏟기로 결정한 것이 무엇이든 그것에 주의가 쏟아진다.

만약 당신이 원하는 것들에 주의를 쏟는다면(측정 가능하고 수치로 나타나는 결과들, 구체적인 결과들) 당신이 원하는 것을 점점 더 많이 얻게 될 것이다.

| 8 |
일상적인 일과는 결국 습관이 된다

참을성과 인내는 마법 같은 힘을 가진다.
그들 앞에서는 장애물과 어려움이 사라진다.

– 존 퀸시 애덤스(미국의 6대 대통령) –

성공적인 리더십을 발휘하기란 쉽지 않다. 하지만 그렇게 힘든 것도 아니다. 우리가 종종 생각하는 것만큼 그렇게 어려운 것은 절대 아니다.

직원들에게 동기 부여를 하는 일을 방해하는 주된 심리적 장애물은 그 사람의 특성은 영구불변하다는 잘못된 믿음이다.

사람들의 습관적인 행동은 습관이 아니라 영구적인 특성이라고 생각하는 행위이다.

우리가 하루를 보내면서 반복하는 행동 패턴들은 습관의 결과이지 영구적인 특성이나 성격적 결함, 개인의 별난 특징 때문이 아니다.

만약 우리가 자신의 특정한 행동경향이 마음에 들지 않는다면(예를 들어 문제 직원과 중요한 대화를 나누는 것을 미루는 것), 그렇다면 그 행동 경향을 고치는 첫 번째 단계는 그것의 진짜 정체를 아는 것이다.

즉 그것이 '습관'임을 아는 것이다.

습관은 행동 패턴이 반복되면서 영구적인 것처럼 보이게 된 것이다. 만약 내가 힘든 과제는 연기하고 쉬운 일을 먼저 하는 일을 반복적이고 지속적으로 한다면 그것은 습관이 될 것이다.

그렇다면 우리는 어떻게 해야 할까? 우리는 원하는 행동을 일상적인 일과로 만드는 새로운 습관을 가져야 한다. 그렇다. 일상적인 일과! 이 말을 자신에게 반복해서 말하는 것이다.

"나는 이것을 하는 데 자제력이 필요하지 않아. 새로운 성격도 필요 없어. 다른 특성이나 더 많은 의지력이 필요한 것도 아니야. 나는 그 일을 일상적인 일과로 만들기만 하면 돼."

우리 코치 팀 최고의 멘토 및 경영생산성 코치들 중 한 명인 린던 듀크는 이런 말을 한 적이 있다.

그는 수년 동안 자신의 지저분한 아파트를 한탄했고 자책했다고 한다. 그는 독신이었고 많은 시간 동안 활기차게 일하는 매우 활동적인 경영천재였지만 자신의 집을 깨끗하게 유지할 수는 없었다. 그는 스스로 자신이 규율이 안 잡힌 무질서한 사람이라고 말했다. 곧 그의 마음속에서 그는 지저분한 게으름뱅이가 되었다.

마침내 그는 자신에게 부족한 것은 단지 '일상적 일과'라는 생각이 떠올랐다. 그에게 부족했던 것은 그것이 전부였다! 의지력이나 바른 성격

혹은 자제력이 부족한 것이 아니었다. 단지 그 일을 일상적 일과로 만들지 않은 것이었다.

그리하여 그는 일과를 만들었다.

"나는 매일 아침 20분간 정리정돈을 할 거야."

월요일 아침에는 커피를 끓이고 달걀을 삶는 아주 짧은 시간 동안 재빨리 거실 청소를 하기로 했다. 화요일은 부엌, 수요일은 침실, 목요일은 현관과 테라스, 금요일은 작업실과 서재, 그리고 매주 토요일 아침이면 20분 동안 한 곳을 선택해서 더 꼼꼼히 청소하는 것이었다.

이것은 그의 일상적 일과가 되었다. 일과의 멋진 점은 그것이 결국 습관이 된다는 것이다.

"처음에는 그렇게 하는 것이 어색하고 이상했어요."

그가 말했다.

"그래서 나는 스스로 이렇게 말했어요. '너무 불편하고 어색해서 이걸 잘해낼지 몰라. 하지만 90일간의 무료체험을 해보자. 내 이론이 틀렸다면 이 일을 마음대로 그만둘 수 있어.' 내 이론은 내게 필요한 일을 하나의 일과로 만들어서 그 일과가 정말 일상적인 것이 되면 그 일은 수월하고 자연스러워질 것이라는 생각이었어요."

그의 이론은 분명 옳았다.

우리는 그의 집을 방문한 적이 있었는데 그때는 그 일과가 습관이 된 지 오래였던 때였다. 그의 집은 너무 깨끗하고 정리정돈이 잘되어 있어서 우리는 그가 청소하는 사람을 쓰는 줄 알았다. 그는 필요한 행동을 일상적인 일과로 만드는 것이 얼마나 놀라운 결과를 가져오는지, 그 놀라운 힘에 대해 이야기했다.

"나는 이제 그 행동을 너무 자연스럽게 해서 때로는 내가 했다는 사실을 모를 정도예요."

그가 말했다.

"거실을 확인하려고 둘러보는데, 맙소사, 완전히 잘 정돈되어 있는 것이었어요. 나는 나도 모르게 해버린 것이에요."

당신은 팀 미팅 준비를 하지 않는 자신이 미운가? 이메일을 확인하느라 리더의 일을 하지 못하고 귀중한 시간을 허비하고 있는가? 당신에게 부족한 것은 내면적 힘이 아니다.

당신에게 부족한 것은 일상적인 일과이다.

이메일을 하루 두 번 특정한 시간에 확인하자. 그리고 사람들에게 당신이 그렇게 한다는 것을 말하는 것이다. 당신이 회사에서 필요한 어떤 일을 하지 않는다면, 당신이 '이런저런 자제력만 있다면' 더 많은 성과를 올릴 수 있다고 생각한다면 더 이상 걱정할 필요 없다.

당신에게 문제가 있는 것은 아니다. 당신에게는 일과의 하나가 부족한 것이다. 당신에게 필요한 전부는 일상적인 일과이다.

당신이 필요한 일을 일상적인 일과로 만들고 그 일과에 따라 움직여야 한다. 만약 당신이 이것을 90일 동안 한다면 그 일은 너무 쉽고 자연스러워서 그것을 다시 생각할 필요조차 없을 것이다.

9
동기 부여의 가장 중요한 원칙은 칭찬과 보상이다

사랑은 항상 창조해내지만 두려움은 항상 파괴한다.
만약 당신이 충분히 사랑하기만 한다면
당신은 세상에서 가장 강력한 사람이 될 것이다.

– 에멧 폭스(작가이자 철학자) –

동기 부여를 하는 일의 가장 중요한 원칙은 바로 이것이다.

당신은 당신이 칭찬하는 것을 모두 얻는다.

이것은 모든 인간관계에 다 적용된다. 애완동물, 화초, 자녀들, 연인들 사이에도 모두 해당된다.

특히 직원들을 이끄는 일에서는 더욱 그러하다. 바람직한 행동에 긍정적인 강화를 주는 것은 잘못된 행동을 비판하는 것보다 훨씬 더 빨리 행동을 변화시키고 훨씬 더 영구적인 영향을 미친다. 사랑은 언제나 두려움을 능가한다. 직원들의 바람직한 행동을 보상하는 나름의 노하우를 만든 리더들은, 직원들의 잘못된 행동들 때문에 일어난 문제들을 해결하느라 온종일 뛰어다니는 리더들보다 더 좋은 성과를 이끌어낸다.

대부분의 사람들이 이 보상 개념을 잘 활용하지 못하는 이유는 칭찬을 하기 전에 너무 오래 기다리기 때문이다.

그들은 사람들에게 상을 줄지 결정하느라 시간을 끌고, 그러다 보면 해결해야 할 큰 문제가 발생한다. 그때는 이미 늦었다.

하루의 일정 시간을 정해서 상을 주는 일에 전념해야 한다. 그냥 말로 하는 칭찬이라도 좋다. 수화기를 들고 이메일을 보내고 상을 주어야 한다.

때로는 금전적인 보너스나 상보다도 말이나 글로 하는 칭찬이 그 사람이 더 많은 성과를 이루게 열의를 북돋우는 일에 더 효과적일 수 있다.

밥 넬슨의 저서 '신나는 회사를 만드는 칭찬의 기술'을 읽어보자. 이 책은 회사에서 직원들을 포상하는 방법에 관한 탁월한 연구서이다.

노란 형광펜이나 빨간 펜을 손에 들고서 읽어야 할 것이다.

그럼 당신은 팀원들의 생산성을 올릴 수 있을 것이다. 사람들은 각자 책의 전혀 다른 부분에 밑줄을 긋고 형광펜으로 표시를 한다. 그리고 그 아이디어들을 자신의 스타일에 맞춰 바꾼다.

이 책에 나오는 대부분의 아이디어들을 실천하기 위해서는 추가적인 시간이 필요하지 않다. 그저 사람들에게 칭찬을 하려는 추가적인 헌신만이 필요할 뿐이다.

| 10 |

속도를
늦추어야 한다

그 사람이 매일 자신을 발전시키려고 어떤 일을 하느냐를 보면
그의 리더십 능력을 알 수 있다.

― 토머스 J. 왓슨(IBM 전 CEO) ―

    속도를 늦추고 여유를 찾는다면 당신은 더 훌륭한 리더가 될 수 있다. 또한 당신은 더 많은 일을 할 수 있다.

    사실 이것은 말이 안 되는 것처럼 보인다. 속도를 늦추고 더 많은 일을 할 수 있다니. 하지만 사실이다. 매일 당신이 그렇게 한다면 당신은 더 많은 성과를 얻게 될 것이다.

    매일 속도를 늦추고 여유를 찾는 실험을 해보자. 당신은 토끼와 거북이의 전설에 숨겨진 진실을 이해하게 될 것이다.

    속도를 늦추는 일에서 가장 중요한 것은 당신은 어느 순간에도 옳은 일을 하고 있어야 한다는 것이다.

비즈니스 컨설턴트 체트 홈즈는 매일 해야 할 일 목록을 단 6개로만 한정하는 것으로 그것을 할 수 있다고 말한다. 그 리스트는 우리가 속도를 늦추고 여유를 찾게 해준다.

"왜 여섯 가지만이냐고요?"

홈즈는 말한다.

"왜냐하면 목록이 더 길어지면 보통 당신은 목록을 잘라내려고 하니까요. 그렇게 목록을 다듬느라 하루를 다 보내게 되거든요. 하루가 끝날 무렵에는 목록에 있는 중요한 일 대부분이 완성되지 않았다는 것을 깨닫게 되지요. 당신은 목록을 내려다보면서 이렇게 말할 겁니다. '오. 나는 제일 중요한 일들을 하지 않았어.' 해야 할 일 목록을 완료하지 않는 것은 정신건강에 좋지 않습니다! 그러니 단 6개의 중요한 일들로만 목록을 작성하세요……. 그다음에는 그것들을 확실히 다 끝내도록 하세요. 당신은 자신이 얼마나 많은 것을 성취할 수 있는지 놀라게 될 것입니다."

만약 잘못된 길 위에 있다면 내가 얼마나 빨리 달리는가는 중요하지 않다. 여전히 잘못된 길에 있기 때문이다.

나는 이 말을 명심해야 한다.

'속도를 늦추고 승리하라.'

나에게는 편안하게 숨을 고르는 시간이 필요하다. 곧 직원과 나눌 대화가 여유 있고 이로운 시간이 되도록 하고, 따라서 내가 그와 맺는 관계가 여유 있고 이로운 것이 되도록 해야 한다. 따라서 온종일 이 말을 떠올리는 것이 필요하다.

'속도를 늦추어라. 그보다 더 느리게.'

| 11 |

자신 안에 '시간의 전사'를 만들어야 한다

살아가야 할 이유를 아는 사람은 어떠한 상황이라도 견뎌낼 수 있다.

— 프리드리히 니체 —

성공적인 리더들은 다음의 두 개념 사이의 중요한 차이를 잘 알고 있다.

첫 번째는 '어떻게 하는가(how to)'이고 두 번째는 '원하는가(want to)'이다.

당신이 동기를 부여하려는 사람들 대부분은 자신의 삶에서 빠진 것이 '어떻게 하는가?'라고 생각한다. 그들은 당신에게 코치를 부탁하러 와서 종종 이렇게 말한다.

"나는 이것을 성취하기를 원합니다. 하지만 어떻게 해야 할지 모르겠어요."

그들은 자신들에게 부족한 것이 '어떻게 하는가?'라고 생각한다. 하지만 정말로 그들에게 부족한 것은 '원하는가?'이다.

열망, 집중, 헌신, 시간투자(그들이 말하는 어떻게 할지 모르는 그것을 위한 방해받지 않고 집중된 시간)를 할 의지 말이다. 왜냐하면 '어떻게'는 거의 어디에나 있기 때문이다.

우리가 살고 있는 이 시대의 멋진 점은 어디에서나 인터넷을 할 수 있고 무엇이든 인터넷에서 찾을 수 있다는 것이다. 이 일을 하는 방법, 저 일을 하는 방법, 훌륭한 세일즈 이메일을 작성하는 방법, 고객의 회사를 연구할 방법 등.

그래서 사실 '어떻게'는 문제가 안 된다.

당신에게 없는 것은 당신이 이루려는 목표에 전념하고 헌신할 수 있는, 당신 안의 '시간의 전사'이다.

바로 이것이 비밀의 공식이다. 하지만 많은 사람들은 이것을 따르지 않는다.

우리 코치 팀은 이것을 '원함'이라 부른다. 우리가 이 '원함'을 늘리게 되면 언제나 그 목표에 전념할 시간이 만들어진다.

만약 내가 집에 페인트칠을 하기를 '원한다면' 집을 칠할 시간이 따로 마련될 것이다. 이것은 정말 간단한 공식이다. 만약 내가 책을 쓰기를 원한다면 스케줄에서 책을 쓸 시간을 마련할 것이다. 만약 내가 팀원들과의 관계를 향상시키고 싶다면 그들과 함께 보내고 그들의 이야기를 들어주는 일에 전념할 시간을 따로 만들게 될 것이다.

| 12 |
위대해지지 않은 것에는
변명의 여지가 없다

사람들이 삶에서 바라는 것보다
삶이 그들에게 요구하는 것이 더 많을 때(그게 일반적인 상황이지만)
사람들은 죽음의 공포만큼이나 뿌리 깊은 삶에 대한 분노를 느끼게 된다.

— 톰 로빈스(작가) —

지금, 아니면 임종의 순간에 당신은 이상한 진실을 깨닫게 될 것이다. 그러나 위대해지지 않은 것에 대한 변명의 여지는 없다. 당신이 진짜 리더다운 상사라면 당신은 자신의 잠재력을 발휘하고 있는 것이다.

반면 여전히 그저 사람들을 관리하는 일만 그럭저럭 해내는 책임자로 있다면, 물론 그럭저럭 일은 해내겠지만 그 일은 당신에게 얼마나 큰 성취감을 주는가?

무의식적인 마음속에서 당신은 자신을 얼마나 자랑스러워하는가? 가족들은 당신을 얼마나 자랑스러워하는가?

어느 날 당신은 그냥 당신이 하는 일에서 위대해지기로 결심할 것이다. 당신은 다시는 뒤돌아보지 않을 것이다. 절대 그 결정을 후회하지 않을 것이다.

당신이 이 결정을 내릴 때는 그렇게 대단한 일처럼 보이지 않을지 모른다. 하지만 왠지 당신은 이 결정이 최종 결정이라는 것을 안다. 다시 번복하는 일은 없을 것이다.

위대해지는 것이 왜 좋을까? 그 이유가 있다.

사람들은 당신을 따르려고 하고, 당신을 존경하기 시작하고, 당신처럼 되고 싶어 하고, 당신을 위해 일하고 싶어 하기 때문이다.

그리고 만약 당신이 자신에게 솔직해진다면 당신은 언젠가 스스로 진실을 깨닫게 될 것이다. 지금 또는 임종의 순간에, 위대해지지 않은 것에는 변명의 여지가 없다는 것을.

| 13 |

억지로 밀어붙여서는
안 된다

줄을 당기면 그 줄은 당신이 원하는 곳으로 따라오겠지만,
줄을 밀면 아무 일도 일어나지 않을 것이다.

– 드와이트 D. 아이젠하워 –

토머스 크럼은 합기도의 철학을 매일의 비즈니스 삶에서 어떻게 적용하는지에 관한 세미나를 연다. 그는 자신이 가르치는 것을 '대결의 마법'이라고 부른다.

스콧은 크럼이 세미나에서 보여주는 시범들 중 하나를 본 적이 있었다. 크럼은 누군가를 강연장 앞으로 나오게 해서 그의 앞에 서게 했다.

"손을 이렇게 들어보세요."

크럼은 선서를 하듯 자신의 손을 들면서 말했다. 그리고 앞에 선 사람이 든 손에 손을 갖다 대었다. 그 사람은 자연스럽게 반사적으로 손을 밀어냈다.

크럼이 말했다.

"이것이 인간의 자연스러운 반응입니다. 내가 밀면 당신도 내게 저항을 줍니다. 당신은 밀어냅니다."

그런 다음 크럼은 그 사람에게 주먹을 쥐고 팔을 앞으로 뻗으라고 말했다. 그가 시키는 대로 하자 크럼은 자신의 손을 주먹을 쥐고 그의 앞에 갖다 대었고 그들 둘 다 두 주먹을 맞대고 서로를 밀었다.

"이것이 우리가 삶에서 많이 경험하는 상황입니다."

크럼이 말했다.

"바로 이렇게요. 교착 상태 또는 투쟁하는 상태로요. 내가 이기려고 하고 당신도 이기려는 상태지요. 하지만 합기도에서는 누구도 절대 저항하지 않습니다."

바로 그 순간 크럼은 자신의 주먹을 아래로 떨어뜨렸고 즉시 그 지원자는 크럼의 바로 오른편으로 몸이 넘어갔다.(합기도에서 수련자는 옆으로 떨어지는 상대의 방향으로 몸을 돌린다.) 크럼은 그 지원자와 함께 몸을 돌려서 그를 빠르고 부드럽게 땅에 눕혔다.

크럼은 이렇게 말했다.

"자, 이게 합기도입니다. 나는 더 이상 저항하지 않아요. 그래서 우리는 더 이상 싸우지 않습니다. 그러면 어떻게 될까요? 우리는 완전한 일치 상태가 되고 그러면 내가 이 사람을 내가 원하는 방향으로 이끄는 것이 아주 쉬워집니다. 이것이 합기도의 원리입니다."

사실 합기도라는 단어가 의미하는 것은 힘을 다른 힘과 겨루는 것이 아니라 "우리의 내적인 힘을 합치기"라는 뜻이다. 합기도에서의 모든 동작은 공격자의 기와 상대방의 기가 합쳐지는 지점에 이르게 된다. 바로 그 순간 우리가 하나로 정렬될 때 나는 상대방을 통제할 수 있고 그와 그의 몸에 일어나는 일을 통제할 수 있다. 어떤 노력도 들지 않는다. 왜냐하면 우리는 완전한 합일이 되었기 때문이다.

사람들에게 동기 부여하는 일에 이 원리를 적용하는 것은 엄청난 일이다. 왜냐하면 나는 정말로 내 부하직원들이 하는 말이나 그들이 하는 일에 저항하고 싶지 않기 때문이다. 나는 부하직원들이 자연스러운 내적 에너지를 우리의 상호적인 목표(그들의 목표와 나의 목표)로 향하게 하고 싶다. 나는 내 직원들의 자연스러운 에너지를 받아들이고 그것을 이끌고 싶다……. 나는 그것에 반대하거나 그것을 잘못된 것이라고 여기고 싶지 않다.

| 14 |

변화는
사과해야 할 일이 아니다

조직 내에서의 변화의 속도가 외부의 변화의 속도보다 느리면
이미 파국에 이른 것이다.

— 잭 웰치 —

    팀원들이 감당해야 하는 모든 변화들에 대하여 사과하는 리더들은 사기저하와 좌절의 씨앗을 뿌리고 있다. 그들은 새 정책, 새 제품, 새 시스템, 새 규칙, 새 프로젝트를 소개할 때마다 그것에 대해 사과한다.

    그렇게 함으로써 그들은 변화가 팀의 행복을 방해하는 어떤 것, 조만간 우리를 너무 괴롭게 하지 않기를 바라게 되는 어떤 것이라는 뜻을 내비친다.

    이런 행동은 자애로워 보이고 호감을 사려는 무의식적인 동기에서 나오는 것이지만 그 결과는 팀원들을 피해자로 만들고 그 팀이 변화에 동화되고 변화를 편안하게 느끼는데 걸리는 시간을 엄청나게 늘려버린다.

진정한 리더는 변화에 대해 사과하지 않는다. 진정한 리더는 변화에 따라오기 쉬운 두려움에 먹이를 주지 않는다. 대신 리더는 변화를 지지한다.

리더는 계속해서 변화하는 조직의 이점을 계속 전달한다.

리더는 더 높은 수준의 생산성과 혁신을 향해 계속 개혁하는 조직을 지지한다. 조직 내에서 일어나는 모든 변화에는 다 이유가 있다. 모든 변화는 변화의 긍정적인 면이 부정적인 면을 능가하기 때문에 결정되는 것이다. 따라서 부하직원들이 변화를 적극적으로 받아들이도록 만들고 싶다면 당신은 그저 변화의 긍정적인 면을 속속들이 알면 된다. 당신은 회사에서 일어나는 그 변화의 좋은 점들에 대해 알 수 있는 모든 것들을 찾아내야 한다. 그것이 리더의 역할이기 때문이다. 리더십이란 긍정적인 면을 전달하는 것이기 때문이다.

무의식적으로 행동하는 상사들은 종종 부하직원들과 마찬가지로 변화가 불편하다. 그래서 그들은 계속해서 변화들에 대하여 사과한다. 하지만 이 행동은 그의 팀이 회사의 미션과 완전히 분리되어 있다는 느낌을 강화시킨다. 하지만 당신은 그래서는 안 된다.

당신은 리더이다. 그러니 당신은 팀을 회사의 미션과 연결시켜야 한다.

변화는 사과해야 할 일이 아니다. 조직을 더욱 강력하게 만드는 일에 왜 사과를 하는가? 모든 변화는(어느 하나 예외 없이) 그 조직의 궁극적인 경쟁력을 강화시킨다는 단일 목표를 위해 만들어지는 것이다. 이것이 당신이 변화를 지지해야 하는 이유이다. 이것이 당신의 팀에게 변화를 납득시키도록 해야 하는 이유이다.

| 15 |
코치를 받는 일에 마음을 열어야 한다

교사의 영향은 영원하다.
교사는 자신의 영향력이 어디까지 이를지 절대 알 수 없다.

― 헨리 B. 애덤스(미국 역사학자) ―

훌륭한 코치들은 항상 자신들을 가르쳐준 코치들을 언급한다. 오늘날 최고의 경영인들 대부분은 코치를 두고 있다. 그들 혼자서는 절대 획득할 수 없었을 높은 수준의 성공에 이르게 해주는 개인성공 코치나 라이프 코치 말이다.

이러한 코칭 과정의 목표는 그 사람이 자신의 숨은 힘을 발견하고 그 능력을 비즈니스 최전선에서 발휘하도록 하는 것이다.

모든 훌륭한 배우, 댄서, 운동선수들은 자신의 능력을 키우고, 그들에게 힘이 되어 주고 가르침을 준 코치에게 공을 돌린다.

과거에 우리 사회는 스포츠나 연예산업에서의 코치의 역할만을 찬양

했다. 왜냐하면 그 분야들은 항상 탁월함이 요구되는 분야이기 때문이다. 하지만 비즈니스는 그냥 비즈니스일 뿐이었다.

지금은 코칭 문화의 발달로 오늘날의 비즈니스 리더들은 운동선수나 배우들처럼 자신의 탁월한 능력을 어디까지 끌어올릴 수 있을지 탐구할 똑같은 기회를 갖고 있다. 코칭은 리더가 성공에 이르는 길에서 이와 같은 탐구를 의식적인 부분으로 만들어준다.

"나는 사람들이 코치를 받지 않는다면 자신의 최대 능력에 절대 이르지 못할 거라고 확신한다."

홈 디포의 전 CEO 밥 나델리는 이렇게 말했다.

만약 당신이 리더라면 코치를 받는 일에 마음을 열어야 한다. 단지 당신이 할 수 있다는 것을 입증하려고 혼자 길을 떠나려고 하는 것은 쓸데없는 짓이다.

| 16 |

직원들에게 믿으라고
요구해서는 안 된다

리더의 가장 중요한 과제는
새로 고용된 직원에게 실패를 잘하는 법을 가르쳐주는 것이다.
그가 몇 번이고 반복해서 실험을 하고 어떤 방법이 성공할지 알 때까지
시도와 실패를 계속하도록 훈련시켜야만 한다.

– 찰스 케터링(미국의 전설적인 발명가) –

어떻게 하면 직원들이 '원함'을 늘리도록 할 수 있을까? 어떻게 하면 그들이 그 일에 전념하는 시간을 만들어서 스케줄에 넣게 할 수 있을까?

이것은 무언가를 성취하는 일에서 가장 중요한 부분이며 사람들에게 동기를 부여하는 일에 꼭 필요한 것이다. 또한 테스트와 신뢰라는 아주 흥미로운 두 가지 개념을 잘 이해하는 일이기도 하다.

대부분의 사람들은 테스트와 신뢰라는 상반되는 아이디어를 연관시킨다. 그들은 이 두 가지가 밀접하게 관련된다고 믿는다. 그들은 이렇게 말한다.

"나는 어떤 일을 테스트해보기 전에 먼저 신뢰해야만 해. 제대로 시험해보기 전에 이것이 효과가 있을 것이라고 믿을 수 있어야 해."

하지만 이 공식에서 '신뢰'를 빼버리는 법을 배우면 사람들은 더 빨리 많은 일들을 성취할 수 있고 정말로 삶을 즐길 수 있게 된다.

직원들에게 일을 시작하기 전에 신뢰하는 것을 생략하고 그냥 테스트를 시작하게 해보자. 그러면 그들은 삶에서 어떤 일이 벌어질까 테스트하는 일이 얼마나 재미있는지를 경험하게 될 것이다.

당신이 새로운 방침을 제안하고 나면 직원들은 종종 그들이 원하는 성공적인 직장생활을 방해하는 다음과 같은 말들을 할 것이다.

"음. 당신이 제안한 이 방법이 효과가 있을 거라고 그냥 믿어봐야겠어요. 내게 도움이 될 거라고 그냥 믿어야지요. 그 방법을 믿어야겠지요. 믿을게요."

그러면 당신은 이렇게 말해야 한다.

"아니오. 제발, 믿지 마세요."

일을 시작하기 전에 그 일이 잘될 거라고 믿어야 한다는 그들의 믿음은 부족한 시간을 더 낭비하게 한다. 왜냐하면 그들은 해야 할 일 목록에 그럴 필요가 없는 과제를 추가하기 때문이다.

어렵고 복잡한 과제에 대해 신뢰하기, 경험해본 적 없는 어떤 일이 도움이 될 거라고 미리 신뢰하는 것을 어떻게 할 수 있는가?

직원들에게 믿으라고 요구해서는 안 된다. 그들에게 그냥 테스트해보라고 하면 되는 것이다. 그들이 테스트 단계에 들어가기 전에 그 일을 신뢰할 필요는 없다.

대부분의 사람들은 머뭇거린다. 그들은 이렇게 생각한다.

'이 일은 효과가 있을 것 같지 않아. 나는 이 일을 하고 싶은 열망이 없어. 열정이 충분하지 않아. 나는 이 일이 아직 믿음이 안 가. 이 일을 시작하려면 좀 더 믿음이 생겨야 해.'

그래서 그들은 아주 감상적이고 감정에 호소하는 이런 생각들에 매달려 있다.

그들의 성공을 막는 것은 감상주의이다. 감상주의는 자신을 믿기, 과정을 신뢰하기, 이 일이 잘될 거라고 믿기, 소망하기, 희망하기, 자신감을 갖기 등과 같은 모습으로 나타난다. 이 모든 감상적인 개념들이 우리가 행동하는 것을 막는다.

우리는 이런 생각들이 필요하다고 믿는다.

'나는 계속 전진해서 세일즈맨으로 성공하려면 나 자신을 믿어야 할 것 같아.'

절대 그렇지 않다! 그냥 방침들을 테스트해보자.

| 17 |
도전을 피해서는 안 된다

삶은 도전이다. 이 도전에 맞서라.
- 테레사 수녀 -

우리가 코치를 했던 많은 리더들이 그들의 삶에서 가장 큰 도약을 했을 때는 그들이 도전의 이로움을 보았을 때이다. 도전의 이로움을 알게 되면 우리는 자신의 능력에 더 잘 도전할 수 있게 된다. 또한 이전에는 문젯거리로 보았던 일들을 다시 들여다보고 우리에게 도움을 주는 도전들로 새롭게 볼 수 있다.

우리가 도전을 그런 식으로 바라보고 도전의 이로움을 받아들일 때, 우리는 대부분의 다른 리더들과는 완전히 다른 리더의 삶을 살 수 있다.

대부분의 리더들은 도전이 되는 일들을 피하려고 한다. 그리고 도전을 피하지 못할 때는 그 일들 때문에 불쾌해한다. 이러한 행동은 리더

개인의 사기를 낮춘다. 또한 리더가 새로운 도전들에 고전하는 모습을 보는 팀원들도 심하게 사기가 저하된다.

대부분의 리더들은, 특히 피해자 마인드를 가진 리더들은 다음과 같은 생활을 한다.

그들은 아침에 눈을 뜨면 오늘 무엇을 피해야 하는지 파악하려고 애쓴다. 그들은 일어나서 이렇게 말한다.

"오, 세상에. 내가 끔찍이 두려워하는 것이 뭐지? 스케줄 표를 봐야겠네. 내가 무엇을 해야 하지? 내 의무사항이 뭐지? 일어나지 않기를 바라는 것이 뭐지?"

그들은 도전을 피하려는 무의식적인 사명을 가지고 삶을 살아간다. 도전이 주는 이로움을 보지 못하기 때문에 도전을 편안한 삶에 대한 모욕과 무례함으로 보는 것이다. 그래서 그들은 도전을 피하려고 노력하고 결국 다른 사람들보다 더 많이 도전받는 상황에 처하게 된다. 왜냐하면 그들은 '장애물'의 가치를 보지 못했기 때문이다.

도전의 혜택을 보여주는, 몸과 관련한 예를 살펴보자.

많은 연구들에 따르면 육체적으로 도전이 되는 운동을 하는 사람들은 결국 더 기분이 좋아지고, 더 나은 삶을 살고, 더 에너지가 넘치고, 삶을 더 명료하게 이해하고, 더 활기차다. 한 연구에서는 80대와 90대 노인들을 대상으로 웨이트 트레이닝 실험을 했고 조금씩 무게를 늘리기 시작했다.

얼마나 끔찍한 일인가? 불쌍한 85세 노인에게 역기를 들게 하다니? 농담하는 건가? 하지만 결과는 노인들이 더 강해졌다는 것이다. 심장이 더 튼튼해졌고 건강이 더 좋아졌다. 외모도 더 나아졌고 폐활량도 늘었다. 신진대사가 좋아졌고 신경계도 향상되었고 몸의 혈액순환도 정말로 좋아졌다. 역기를 드는 운동을 해서 말이다.

바로 이것이 도전의 이로움이다. 몸에 도전을 주어야 한다.

어떤 '문제'로 도전을 받은 사람이 리더인 당신에게 보고를 하는 경우가 많이 있을 것이다.(그 사람의 입장에서 '문제'로 보이는 것 말이다.)

그 사람은 그 문제를 다루어야 한다는 사실에 기분이 많이 상해 있다. 아울러 그 문제를 다루는 일이 자신을 더 행복하고 더 강인하고 더 유능하게 만들어준다는 사실을 알지 못한다.

그는 도전의 이로움을 보지 못한다. 사람들에게 동기 부여를 잘하기 위해서는 그들이 삶에서 맞이하는 도전적인 일들을 도망치지 않고 잘 맞을 수 있게 준비시키는 것도 중요하다. 도전은 사람을 성장하게 만든다. 만약 사람들이 도전이 주는 혜택을 보기 시작한다면 삶은 훨씬 더 재미있어질 것이다. 또한 그들은 더 강해질 것이다.

도전의 이로움을 보는 방법은 아침마다 앉아서 "도전적인 일들은 내게 도움을 준다……. 도전은 내게 도움이 된다."와 같은 확언을 되뇌는 것이 아니다.

물론 그것도 좋은 시작이 될 수는 있지만 그런 다음에는 직접 행동으로 경험하고 도전들이 당신에게 도움을 주는지 확인해야 한다. 당신은 리더로서 자신의 능력에 도전하는 일로 그 일을 할 수 있다.

당신이 새 프로젝트를 시작한다고 가정하자. 당신은 이 일에서 어떻게 자신의 능력에 도전할 것인가? 어떤 분야에서 당신 자신을 밀어붙이고 싶은가? 어떤 새로운 분야를 개척하고 싶은가?

당신이 이렇게 자신에게 도전할 때 직원들이 당신을 볼 수 있게 해야 한다. 이것을 직접 보여주는 롤 모델이 되는 것은 그렇게 하라고 가르치는 것보다 100배 더 효과적이다.

| 18 |

개선하기나 비난하기는 결코 동기 부여를 하지 않는다

비관주의는 우리를 약하게 만들고 낙관주의는 우리를 강하게 만든다.

— 윌리엄 제임스(미국의 심리학자이자 철학자) —

수년 동안 우리 코치 팀은 개인들을 코칭하거나, 회사나 조직에 들어가서 여러 사람들을 교육해왔다. 그 과정에서 우리는 비관론자를 낙관론자로 개조하는 가장 빠른 방법은 영감을 통해서라는 것을 발견했다.

비관주의자들이나 피해자 마인드를 가진 사람들은 누군가 자신을 고치고 바로잡는 것을 싫어한다. 심지어 누가 가르쳐주려는 것도 싫어한다.

왜냐하면 그들은 항상 완전히 방어적인 상태이기 때문이다.

피해자 마인드를 가진 사람들이 팀에 있을 때 리더들은 종종 그런 면을 잘못된 것이라고 지적하고 바로잡으려고 하는 실수를 범한다. 그들은 이렇게 말한다.

"음, 있잖아요. 당신은 일종의 피해자 마인드를 가졌어요. 당신은 프로젝트에 대해 아주 비관적이에요."

그러면 이제 그 사람은 훨씬 더 방어적이 되어버린다. 그리고 더 확고해진 태도로 자신의 입장을 방어하려고 할 것이다! 이제 그를 비관적인 태도에서 벗어나게 하는 것은 훨씬 더 어려워졌다. 왜냐하면 그는 자신을 방어해야 할 필요를 느꼈기 때문이다. 그는 당신의 비난 때문에 위협을 느꼈다.

당신의 의도가 그를 더 행복한 사람으로 만들고 더 넓은 시야를 갖게 하는 것이었다 해도, 실제로 당신이 한 일은 그를 고치고 바로잡으려고 해서 그를 비관주의 속으로 더 깊이 밀어 넣은 것이다.

많은 사람들이 이런 실수를 저지른다. 이것은 직장 생활에서만 일어나는 일은 아니다.

사람들은 10대 아들에게 침울하고 비관적이라고 비난한다. 그런 행동은 이 불쌍한 어린 소년을 그 상태로 더 깊이 밀어 넣을 뿐이다. 왜냐하면 그의 귀에 들리는 것은 '내게 뭔가 문제가 있어. 당신은 나를 인정하지 않아. 당신은 나를 이해하지 못해.'가 전부이기 때문이다. 심지어 이제는 사이가 더 멀어지기까지 했다.

고치기, 바로잡기, 개선하기, 비난하기 등 이런 모든 행동들은 그 어떤 것도 사람들에게 동기 부여를 하지 않는다. 그것은 강력하고 효과적인 리더십이 아니다. 그것은 비관주의자가 자신을 비관주의자로 인정하게 만들어주지 못한다.

또한 그에게 상황을 바라보는 더 좋은 방법들을 보여주지도 않는다. 이런 행동들은 효과도 없고 도움도 되지 않을 것이다.

비관론자를 도와줄 가장 빠르고 좋은 방법은 영감이라는 것을 통해서이다.

내가 이 사람의 삶에서 영감을 주는 존재가 되었는가? 이것이 자신에게 던질 가장 유용한 질문이다.

종종 사람들은 이렇게 말한다.

"내 삶에는 심각한 피해자 마인드를 가진 사람이 있어요. 나는 그 사람을 계속해서 도와주려고 했어요. 그녀에게 세상의 빛을 보여주려고 노력했어요. 하지만 그녀는 내가 제안하는 것을 하지도 않으려고 했고 오히려 더 상태가 나빠졌어요."

우리는 그들에게 이렇게 묻는다.

"당신은 그녀의 삶에서 영감을 주는 존재인가요? 당신은 그녀한테 영감을 주는 어떤 상징인가요? 그렇지 않다면 당신은 그녀를 도울 수 없어요."

다시 말하지만, 진짜 해결해야 할 대상은 당신의 삶에 들어온 그 사람들이 아니라, 당신이다.

당신 자신을 변화시켜야 한다. 다른 사람들에게 동기를 부여하는 일은 언제나 나에서부터 시작한다.

| 19 |
내 삶의 방식이 열정과 사랑을 불러일으키게 해야 한다

열정을 일으키는 평범한 아이디어는 누구에게도 영감을 주지 못하는
위대한 아이디어보다 더 큰 영향력을 가진다.

– 메리 케이 애쉬(메리케이 코스메틱사 창업자로 미국 최고의 여성 기업가) –

다른 사람들은 변화시킬 유일한 방법은 본보기를 통해 영감을 주는 것이다.

내가 사람들에게 귀를 기울이는 모습, 사람들과 소통하는 모습, 내가 살아가는 모습 등으로 그 사람에게 영감을 주는 사람이 되는 것이다.

나의 그런 행동들이 그에게 영감을 준다면 변화는 일어난다. 만약 직원들을 원하는 대로 이끌고 싶다면 단순히 그들에게 내가 원하는 모습이 되라고 말해서는 안 된다. 나는 그들에게 그것이 어떤 것인지를 보여주어야 한다.

만약 그들이 내가 고객이나 잠재고객과 함께 있는 모습을 본다면, 나

는 고객을 사랑하는 것이 어떤 것인지, 잠재고객을 대할 때 어떻게 합의를 이루고 계약을 빨리 성사시키는 지를 직접 행동으로 보여주어야 한다. 나는 그들에게 본보기를 보여주고 영감을 주어야 한다.

   올림픽 시즌이면 헬스장 회원이 늘어난다. 매번 그렇다. 사람들은 자신이 보는 것들에서 영감을 얻는다. 그들은 다른 사람들이 어떤 모습인지를 보고 영감을 받는다. 유튜브에서 누군가 아름답게 노래를 부르는 영상이 뜨면, 그 영상이 인터넷을 휩쓸고 다녀서 모든 사람들에게 감동을 주고 눈물을 흘리게 할 수도 있다. 그러면 동네 곳곳의 음악학원은 보컬강습생이 늘어난다.
   사람들이 위대한 일들을 하는 것을 목격하면 우리도 똑같은 일을 하고 싶은 마음이 든다. 따라서 누군가를 돕는 방법은, 그 사람이 비관론자이든 피해자 마인드의 사람이든 누구든지 간에, 나 자신을 발전시키고 내 삶이 사람들에게 더 영감을 주는 것이 되게 만드는 것이다.
   내가 사는 방식과 사람들과 소통하는 방식이 열정과 사랑을 불러일으키게 해야 한다. 내 옆에서 사랑을 느낄 때 그들은 변화할 기회를 얻게 된다. 사람들은 이것을 보고 싶어 한다. 그들은 뭐가 잘못되었는지는 듣고 싶지 않다. 그들은 뭐가 옳은 것인지를 보고 싶어 한다.

| 20 |
이 모든 정보를 실천에 옮겨야 한다

어리석은 자를 망하게 하려면 그에게 정보를 주어라.

– 나심 니콜라스 탈레브(레바논 출신의 미국 금융전문가) –

당신을 훌륭한 리더로 만들어주는 마지막 방법은 영감을 주는 책, 멘토, 리더십 트레이닝 등에서 정보만을 얻는 것이 아니라 그것들을 당신을 탈바꿈하는 데 사용하는 것이다.

당신이 책을 읽다가 형광펜으로 칠했던 부분을 실제 삶의 게임에 적용해 보자. 규칙이 아니라 도구로 생각하는 것이다.

당신에게는 이미 많은 정보가 있다.

사람들에게 동기를 부여하는 일에 달인이 되는 열쇠는 당신이 가진 정보를, 자신을 변화시킬 도구로 전환하는 것이다. 진짜 변화 말이다.

리더십 방법 한 가지를 골라서 그것을 실천해보자.

책의 한 구절을 골라서 적용해보자. 그 책을 연습문제집으로 만들어야 한다. 그것을 이론서가 아니라 작전 책으로 만들되 이를 기초로 하여 행동을 취해야 한다.

너무 많은 정보는 당신을 느려지게 할 것이다. 하지만 정보를 이용해서 변신한다면 일하는 속도가 빨라질 것이다.

책을 단순히 좋은 아이디어를 모아놓은 것이라고 보지 말고 책 전체를 활동계획서로 생각해야 한다. 다른 사람과 팀을 짜서 공부하고 실행에 옮기는 것을 서로 확인하자.

리더들은 리더십 세미나의 일부로 나눠주는 이 책을 받고서는 종종 이렇게 묻는다.

"이 책이 어떻게 내게 도움이 될까요? 내가 이 책을 가지고 어떻게 해야 하나요?"

우리의 대답은 항상 똑같다.

"지시사항을 따라 행동하세요."

당신은 자전거 타기에 관한 사용설명서를 읽고 나서 그 정보를 이미 꽉 찬 머리에 추가하고는 그대로 자리를 뜰 수 있다. 아니면 당신은 설명서를 읽고 나서 책을 내려놓고 자전거에 올라탈 수도 있다.

성공을 위한
리더십 코칭

1판 1쇄 발행 ‖ 2016년 6월 20일

저　자 ‖ 스티브 챈들러 & 스콧 리처드슨
옮긴이 ‖ 조한나
펴낸이 ‖ 김종호
펴낸곳 ‖ 밀라그로
주　소 ‖ 경기도 고양시 일산서구 현중로 5, 1501동 1006호
전　화 ‖ 031) 907-9702　　FAX ‖ 031) 907-9703
E-mail ‖ milagrobook@naver.com
등　록 ‖ 2016년 1월 20일(제410-2016-000019호)

ISBN ‖ 979-11-957488-3-9 (03320)

* 밀라그로는 경성라인의 자회사입니다.
* 책값은 뒷표지에 있습니다.
* 잘못 만들어진 책은 구입하신 곳에서 바꾸어 드립니다.